AF453520

LADY
TARTUFFE

COMÉDIE

Représentée pour la première fois à la Comédie Française
le 10 février 1853.

PARIS. — IMPRIMERIE J. CLAYE ET Cⁱᵉ, RUE SAINT-BENOIT, 7.

LADY TARTUFFE

COMÉDIE

EN CINQ ACTES ET EN PROSE

PAR

Mme ÉMILE DE GIRARDIN

PARIS

MICHEL LÉVY FRÈRES, ÉDITEURS

RUE VIVIENNE, 2 BIS

M DCC LIII

PERSONNAGES

LE MARÉCHAL D'ESTIGNY.   MM. SAMSON.
HECTOR DE RENNEVILLE.   MAILLART.
LE BARON DES TOURBIÈRES.   REGNIER.
M. DE SAINT-IRIEX, président d'une œuvre de
    charité.   ANSELME.
LÉONARD, jardinier de la comtesse de Clairmont.   MAUBANT.
VIRGINIE DE BLOSSAC,   Mmes RACHEL.
LA COMTESSE DE CLAIRMONT, nièce du
    maréchal.   ALLAN.
JEANNE, fille de la comtesse.   DUBOIS.
MADAME BERTHOLLET, femme de chambre de
    mademoiselle de Blossac.   THÉNARD.
MADAME DUVERNOIS.   JOUASSAIN.
MADAME COURTIN.
UN ARCHITECTE.   MM. DELORIS.

                                         MATHIEN.
TROIS DOMESTIQUES.   MONTET.
                                         BERTIN.

UN SECRÉTAIRE.

La scène se passe à Paris, en 1851.

    Les indications de droite et de gauche sont prises de la salle ; les personnages sont inscrits en tête de chaque scène dans l'ordre qu'ils occupent : le premier inscrit, ou n° 1, tient la première place à gauche.

LADY

TARTUFFE

⁂

ACTE PREMIER

Un petit salon. Cheminée au premier plan, à gauche du public, table du même côté ; à droite un canapé, et adossé au premier plan un prie-Dieu. Une table à ouvrage au fond à droite. Portes latérales.

SCÈNE PREMIÈRE.

MADAME DE BLOSSAC. *Elle est seule et se regarde dans une glace.*

Comme je suis mal coiffée!... Cette vieille madame Berthollet est maladroite. Mais une plus spirituelle serait clairvoyante... il faut la supporter telle qu'elle est. (*Elle continue à lisser ses cheveux ; elle regarde ses ongles et dispose les plis de sa robe de manière à faire valoir la finesse de sa taille. A ce moment on entend un coup de sonnette.*) Quelqu'un! (*Elle va se mettre à genoux devant le prie-Dieu.*)

SCÈNE II.

DES TOURBIÈRES, MADAME DE BLOSSAC.

DES TOURBIÈRES, *souriant.*

C'est moi.

MADAME DE BLOSSAC.

Ah! (*A part.*) Encore cet homme!... Mais patience! (*Haut, allant à Des Tourbières.*) Comment va le maréchal?

DES TOURBIÈRES, *avec gaieté.*

Mal.

MADAME DE BLOSSAC.

Il souffre beaucoup?

DES TOURBIÈRES.

Comme un damné! c'est un de ses plus beaux accès.

MADAME DE BLOSSAC.

Il s'ennuie?

DES TOURBIÈRES.

Pas tant qu'il le devrait et que vous le méritez.

MADAME DE BLOSSAC.

Madame de Clairmont est toujours près de lui, elle lui parle de moi?

DES TOURBIÈRES.

Devant moi, non... je ne me le rappelle pas. — Ah! si, cependant, hier elle a dit très-insolemment qu'elle n'aimait pas les hypocrites.

MADAME DE BLOSSAC.

Vous appelez cela parler de moi?

DES TOURBIÈRES.

Non, je me trompe, elle disait cela pour une autre. Eh! pour moi!... c'est juste. Que je suis naïf! comment ne me suis-je pas reconnu tout de suite?

MADAME DE BLOSSAC.

La mère et la fille viennent tous les soirs chez le maréchal?

DES TOURBIÈRES.

Oui, malheureusement.

MADAME DE BLOSSAC.

Pourquoi malheureusement?

DES TOURBIÈRES.

Ah! c'est qu'en écoutant causer sa nièce qui est très-piquante, en regardant la petite Jeanne qui est très-jolie, le bon vieux goutteux commence à se désennuyer; et votre ingénieuse absence...

MADAME DE BLOSSAC.

Mon ingénieuse absence!

DES TOURBIÈRES.

Se fait un peu moins sentir. Le maréchal était hier dans l'admiration de sa petite-nièce. Il est question de la marier.

MADAME DE BLOSSAC (*mouvement.*)

On ne la mariera pas facilement.

DES TOURBIÈRES.

Pourquoi ?

MADAME DE BLOSSAC.

Il court sur son compte certaine histoire.....

DES TOURBIÈRES.

La petite Jeanne, déjà calomniée !

MADAME DE BLOSSAC.

Une pauvre fille, élevée si légèrement !

DES TOURBIÈRES.

Légèrement ! Sa mère ne l'a jamais quittée un seul jour.

MADAME DE BLOSSAC.

Un seul jour, peut-être ! Mais l'histoire ne dit pas que ce fût le jour.

DES TOURBIÈRES.

Une aventure nocturne à Jeanne ! quelle folie ! A son âge, on dort la nuit ; une sérénade, un charivari ne vous réveillerait pas. C'est impossible ! Mais, prenez-y garde, si le maréchal a toujours près de lui cette charmante jeune fille pour le soigner, le distraire, il ne songera plus à vous épouser.

MADAME DE BLOSSAC.

Cela m'alarme peu.

DES TOURBIÈRES.

Son influence grandit tous les jours ; il la trouve charmante, et je suis de son avis.

MADAME DE BLOSSAC.

Eh ! vous êtes toujours de son avis, vous répétez tout ce qu'il dit, si bien qu'on vous a surnommé l'écho du maréchal.

DES TOURBIÈRES.

C'est madame de Clairmont qui m'a donné ce sobriquet... Elle est maligne, madame de Clairmont. C'est elle aussi qui vous a surnommée lady Tartuffe.

MADAME DE BLOSSAC.

Parce que j'ai pour amies les femmes les plus respectables de l'Angleterre.

DES TOURBIÈRES.

Franchement, ce nom de lady Tartuffe est assez heureux. C'est un hasard, car, entre nous, mademoiselle Virginie de Blossac, n'êtes-vous pas un peu la veuve d'un jeune lord?...

MADAME DE BLOSSAC, *troublée.*

Monsieur des Tourbières! il était convenu que jamais vous ne
rappelleriez cet affreux souvenir. (*Elle va s'asseoir sur le canapé.*)

DES TOURBIÈRES.

Oh! mon Dieu, madame, je ne veux point vous fâcher. Vous
m'avez parlé du surnom qui m'était donné, j'ai cité le vôtre,
voilà tout: mais si je suis l'écho du maréchal, c'est par votre
ordre. (*S'asseyant sur une chaise près du canapé.*) J'ai de
l'esprit, moi, vous le savez, puisque vous m'avez conseillé d'être
bête. Et quel excellent conseil! je m'en trouve si bien! Dans le
monde où je vivais avant de vous rencontrer, je passais pour un
garçon d'esprit... On ne faisait aucun cas de moi, on me traitait
sans façon comme un homme bon à rien; dans votre monde, au
contraire, où je passe pour un brave imbécile, on me considère...
on m'écoute, on me prend au sérieux, on me croit propre à tout.
Ah! vous aviez raison, l'esprit porte malheur; mais si je consens
à être bête, je veux l'être à ma manière. Le plagiat me répugne;
or, en me faisant l'écho d'un ennuyeux, je me sacrifie deux fois:
en répétant ce qu'il dit et en me privant de ce que j'aurais pu dire.

MADAME DE BLOSSAC.

Le maréchal d'Estigny n'est pas un ennuyeux... il est instruit,
il a beaucoup voyagé.

DES TOURBIÈRES.

Je les connais, tous ses voyages! ils l'ont moins fatigué que moi.

MADAME DE BLOSSAC.

Le récit de ses missions diplomatiques est selon moi fort attachant.

DES TOURBIÈRES.

Et selon moi fort assommant! c'est là ce que je ne puis lui par-
donner : c'est de m'avoir attrapé de la sorte. Un maréchal, un
vieux soldat qui ne parle que de protocoles, qui au lieu de s'en-
tourer de joyeux aides de camp avec lesquels on rit, on boit, on
fume, n'a que des secrétaires qui ont une plume sur l'oreille et
qui savent le latin.

MADAME DE BLOSSAC.

Vous regrettez les rabâchages de combats?

DES TOURBIÈRES.

Je les préfère aux rabâchages diplomatiques. (*Il hausse la voix.*) Les combats, ça se raconte à haute voix... (*Il baisse la voix.*) Les histoires d'ambassades, ça se marmotte à voix basse.

MADAME DE BLOSSAC.

Et cela vous ennuie ?

DES TOURBIÈRES.

Cela m'endort. Et à quoi servent alors des heures entières de patience admirative, si je perds en un moment, en dormant, tout le fruit de mes veilles ?

MADAME DE BLOSSAC.

Vous plaisantez toujours.

DES TOURBIÈRES.

Parlons sérieusement. Il y a deux ans, quand vous avez obtenu cet appartement dans l'hôtel du maréchal, avec l'intention d'épouser le maréchal, vous êtes restée six mois sans aller chez lui, c'était un trait de génie ! Mais aujourd'hui, rester huit jours sans le voir, cela me paraît dangereux. Quand retournez-vous chez le maréchal ?

MADAME DE BLOSSAC.

Je n'irai pas avant deux jours.

DES TOURBIÈRES.

Oh ! quelle faute !... Mais dans deux jours votre place sera occupée. Ah ! vous comptez sur la fidélité des vieillards ! Mais les vieillards n'ont pas le loisir d'être fidèles... C'est un luxe que la fidélité, car c'est du temps perdu, et il faut être jeune, très-jeune, pour se passer ce luxe-là ! Votre maréchal est déjà à moitié distrait... Vous comptez aussi sur la goutte, n'est-ce pas, pour fixer ce papillon blessé?... Voilà encore un préjugé ! Les gens les plus exposés aux séductions sont précisément les infirmes ! Nous autres, nous pouvons échapper au danger, en fuyant à toutes jambes... Mais eux ! que peuvent-ils faire? Comment peuvent-ils résister à l'inconstance, quand elle vient elle-même les séduire jusque sur leur fauteuil de douleurs ? Croyez-moi, madame de Blossac, c'est un faux calcul ; une femme intelligente ne doit jamais faire semblant de fuir un homme, que lorsqu'il peut courir après elle. Voyez mademoiselle de La Vallière, votre modèle à toutes, elle a fui Louis XIV, parce que Louis XIV était jeune et qu'il pouvait la rejoindre. Elle n'aurait pas fui Louis XVIII... Vrai ! fuir un homme qui a la goutte, c'est l'en-

fance de l'art !... Mais je ne suis pas dupe , vous ne me dites pas
tout... Vous avez une autre raison pour rester ici.

MADAME DE BLOSSAC, *embarrassée.*

Vous avez deviné, — oui , j'ai fait une rencontre qui m'inquiète.
Avant-hier, j'étais allée de bonne heure, comme tous les jours,
visiter mes vieux pauvres...

DES TOURBIÈRES.

Ce n'est pas la peine de me conter cela , à moi.

MADAME DE BLOSSAC.

Comment, monsieur, vous ne croyez pas que je sois allée
avant-hier matin...

DES TOURBIÈRES.

Oh ! je crois que vous êtes sortie de bonne heure... de très-
bonne heure... Seulement je ne crois pas à vos vieux pauvres...
C'est-à-dire je ne crois pas que les vieux soient pauvres et que
les pauvres soient vieux... Ce n'est pas un défaut.

MADAME DE BLOSSAC.

Vous vous moquez toujours de ma charité, de ma dévotion...
Mais votre madame de Clairmont, que vous admirez tant !... elle
est aussi dévote et aussi charitable que moi.

DES TOURBIÈRES.

Aussi, mais autrement.

MADAME DE BLOSSAC.

Vous riez de mes sociétés de bienfaisance... Elle en est aussi.

DES TOURBIÈRES.

Aussi, et autrement. Elle est dévote pour elle, et vous, vous
l'êtes pour les autres.

MADAME DE BLOSSAC.

Elle va à la messe tous les matins, comme moi.

DES TOURBIÈRES.

Elle y va, mais elle ne dit jamais : j'en viens... Tandis que
vous, vous dites toujours, j'en viens ; et je ne suis pas bien sûr
que vous y alliez.

MADAME DE BLOSSAC, *indignée, se levant et passant à gauche.*

Monsieur, ce ton que vous prenez toujours avec moi est à la fin
intolérable.

DES TOURBIÈRES.

Oh ! j'en conviens, mademoiselle, (*se reprenant*) madame
de Blossac, cela doit être fort ennuyeux, quand on s'est posée

en vertu immaculée, d'avoir pour confident un philosophe cynique qui déconcerte toujours le décorum de votre tenue.

MADAME DE BLOSSAC.

Monsieur !

DES TOURBIÈRES.

Un franc mauvais sujet comme moi qui vous rappelle de temps en temps certain secret...

MADAME DE BLOSSAC.

Mais moi, je ne vous rappelle point le vôtre.

DES TOURBIÈRES.

Parbleu ! je le crois bien. Je ne me démens pas, je suis avec vous ce que je suis... je ne vous trompe pas. Est-ce que je fais de la vertu, moi? Est-ce que je médis devant vous des défauts ou des vices que j'ai ? Vous n'avez jamais besoin de me remettre dans la vérité, moi... j'y suis toujours... avec vous du moins... Je n'essaie pas de vous attraper. Voyons, soyez juste, si je venais toute la journée vous parler de ma sagesse, de l'ordre extrême que j'apporte dans mes affaires, de mon horreur invincible pour le jeu... vous bondiriez d'impatience comme moi, et vous finiriez par me dire : mais, monsieur, votre sagesse ne vous a pas empêché de vous ruiner à la Bourse, au jeu; que sais-je! de perdre tout votre argent et tout votre crédit; de faire deux cent mille francs de dettes à droite et à gauche, sur lesquels vous me devez, à moi, vingt bons mille francs. Vous me diriez cela, n'est-ce pas? Eh bien! c'est ce que je fais en vous rappelant ce que votre pudeur ne vous empêche pas de faire; c'est plus fort que moi. Quand je vous entends parler de votre vertu, ça me fait mal aux nerfs! Ça m'exaspère! j'aime mieux que vous me disiez des injures !

MADAME DE BLOSSAC.

Vous vous trompez, monsieur, je ne serais pas exaspérée en vous entendant parler de votre sagesse et de votre délicatesse : j'y crois.

DES TOURBIÈRES.

Bon! la voilà qui fait de l'hypocrisie pour mon compte! Quelle femme!...

MADAME DE BLOSSAC.

Je n'ai aucune inquiétude sur ces vingt mille francs, je suis certaine que vous me les rendrez, dès que...

DES TOURBIÈRES.

Sans doute. Je ne les ai pas, mais j'ai un oncle qui les... représente. Je pourrais les lui demander; j'aime mieux attendre qu'il me les donne... naturellement. Vous m'avez prêté cette somme, vous m'avez escompté mon oncle... C'est un grand service que je n'oublierai pas. En outre, vous me promettez de me faire préfet ou receveur général, dès que vous serez madame la maréchale. J'y compte. Aussi, disposez de moi, je vous servirai; et votre secret, que le hasard m'a livré... je le garderai.

MADAME DE BLOSSAC.

Qu'appelez-vous mon secret?... C'est un souvenir douloureux.

DES TOURBIÈRES.

Un souvenir? Dites un remords.

MADAME DE BLOSSAC.

Monsieur Des Tourbières!...

DES TOURBIÈRES.

Ah! voilà que vous recommencez... Vous êtes aussi habile à vous tromper vous-même que vous l'êtes à tromper les autres; mais la vérité, je la sais.

MADAME DE BLOSSAC.

La vérité...

DES TOURBIÈRES.

La voici : une fois pour toutes, établissons-la nettement et n'essayez plus de m'en... proposer une autre. Vous aviez donné rendez-vous à Arthur dans le pavillon de Redcastle; à la voix des chasseurs, Arthur effrayé, pour ne pas vous compromettre, saute par la fenêtre...

MADAME DE BLOSSAC.

Taisez-vous! taisez-vous!

DES TOURBIÈRES.

Son fusil part... il tombe baigné dans son sang.

MADAME DE BLOSSAC.

Pouvais-je le secourir?

DES TOURBIÈRES.

Vous pouviez ne pas fuir, ne pas l'abandonner; mais vous l'avez laissé mourir.

MADAME DE BLOSSAC.

Arthur !

DES TOURBIÈRES.

Vous l'avez laissé mourir, parce que le vertige de la honte
s'est emparé de vous... parce qu'appeler au secours, c'était vous
dénoncer... parce qu'enfin vous êtes une prude, et que pour une
prude... la vie d'un homme n'est rien auprès de la bonne réputation d'une femme.

MADAME DE BLOSSAC, *avec colère*

Mais je le pleure! je le pleure! ne le voyez-vous pas?

DES TOURBIÈRES.

Aussi, je vous plains. Mais, vous le savez, je ne suis pas seul
à le posséder, ce secret. Ce bouquet de bruyères, oublié par
vous dans le pavillon, a servi d'indice...

MADAME DE BLOSSAC.

Oui... ce bouquet fatal... quelqu'un me l'a vu cueillir, sans
doute... et tous les ans, le jour anniversaire de la mort d'Arthur...

DES TOURBIÈRES.

Vous en recevez un pareil. Après-demain, il y aura cinq ans!

MADAME DE BLOSSAC.

Qui me l'envoie?

DES TOURBIÈRES.

Soupçonnez-vous quelqu'un? Sa mère, peut-être?

MADAME DE BLOSSAC.

Lady Redcastle? Non, elle n'a jamais quitté l'Écosse.

DES TOURBIÈRES.

Un ami d'Arthur? N'avait-il pas pour ami un jeune Français?

MADAME DE BLOSSAC.

Oui... Je vous parlais d'une rencontre, tout à l'heure... C'é-
tait lui!

DES TOURBIÈRES.

Lui! qui donc?...

MADAME DE BLOSSAC.

On vient. (*Entre madame Berthollet.*)

SCÈNE III.

MADAME BERTHOLLET, MADAME DE BLOSSAC,
DES TOURBIÈRES.

MADAME BERTHOLLET.

Madame... c'est de la part de M. le maréchal.

MADAME DE BLOSSAC.

Le maréchal?

MADAME BERTHOLLET.

Il fait demander à madame de vouloir bien permettre à son architecte de jeter un coup d'œil sur cet appartement.

MADAME DE BLOSSAC.

Comment! voudrait-il me renvoyer de sa maison?

MADAME BERTHOLLET.

Au contraire, madame; en disposant de votre entresol, il vous offrirait le joli salon qui donne sur le jardin.

MADAME DE BLOSSAC.

Et pourquoi ce changement?

MADAME BERTHOLLET.

M. le maréchal a cédé tout le premier étage de l'hôtel au fils d'un de ses anciens amis.

MADAME DE BLOSSAC.

A qui?

MADAME BERTHOLLET.

M. le comte de Renneville.

MADAME DE BLOSSAC, *tressaillant.*

De Renneville!

MADAME BERTHOLLET.

Ces messieurs attendent.

MADAME DE BLOSSAC.

Faites entrer. (*Elle se met précipitamment à écrire sur la table à gauche.*)

SCÈNE IV.

MADAME BERTHOLLET, MADAME DE BLOSSAC, HECTOR DE RENNEVILLE, L'ARCHITECTE, DES TOURBIÈRES.

HECTOR, *s'adressant à madame de Blossac,*
qui fait semblant d'écrire.

Pardon, madame! je vous en prie, ne vous dérangez pas pour moi.

MADAME DE BLOSSAC, *à part.*

Oh! cette voix!...

HECTOR, *à l'architecte.*

Le salon ici est plus petit que celui de l'autre côté, et puis l'escalier de dégagement est trop sombre.

L'ARCHITECTE.

En effet, les communications avec le premier étage sont moins commodes de ce côté-ci, et je comprends que vous désiriez être le plus près possible de madame.

MADAME DE BLOSSAC, *à part.*

Madame !

HECTOR.

Oui, tout près, mais cependant sans se gêner l'un l'autre.

L'ARCHITECTE.

Oh ! vous avez raison ; le bonheur dépend souvent d'un appartement bien distribué.

HECTOR.

Alors ce sont les bons architectes qui font les bons ménages.

MADAME DE BLOSSAC, *à part.*

Ménages !... il va se marier !

DES TOURBIÈRES, *observant madame de Blossac.*

Comme elle est émue !

L'ARCHITECTE.

Mais il faudrait visiter les autres pièces avant de vous décider.

HECTOR, *à madame de Blossac.*

Vous permettez, madame ?

MADAME DE BLOSSAC, *écrivant, s'incline.* (*A madame Berthollet :*)

Conduisez ces messieurs. (*Hector, l'architecte et madame Berthollet sortent à droite.*)

SCÈNE V.

MADAME DE BLOSSAC, DES TOURBIERES.

MADAME DE BLOSSAC, *troublée, se levant.*

J'ai bien compris, n'est-ce pas ? Il va se marier.

DES TOURBIÈRES.

Oui, madame.

MADAME DE BLOSSAC.

Lui ! le fils de l'ami intime du maréchal !... Je ne l'ai jamais vu chez lui. Qui épouse-t-il ?

DES TOURBIÈRES.

Tenez-vous à le savoir ?

MADAME DE BLOSSAC.

Oh! oui... (*Plus froidement.*) Je vous expliquerai plus tard pourquoi cela m'intéresse.

DES TOURBIÈRES, *à part.*

Cette émotion... serait-ce un de ses vieux pauvres?... (*Haut.*) Eh bien, je m'attache à ses pas, et je vous rendrai un compte fidèle de mes démarches, c'est-à-dire des siennes. Vous trouve-rai-je?

MADAME DE BLOSSAC.

Sans doute; c'est aujourd'hui le jour de réunion de notre œuvre.

DES TOURBIÈRES.

Ah! oui, notre œuvre des jeunes Épileptiques. Vous aurez du monde; je ne pourrai vous parler.

MADAME DE BLOSSAC.

Vous n'aurez qu'un nom à me dire.

DES TOURBIÈRES.

Eh bien, donc, au revoir, madame la maréchale. (*Il sort.*)

SCÈNE VI.

MADAME DE BLOSSAC, *seule.*

Depuis un an je croyais l'avoir oublié... Je l'ai revu, je l'aime toujours... et il n'a rien voulu comprendre à cet amour. — Hector, si vous m'aviez aimée... Arthur vivrait... Le dépit ne m'aurait pas donnée à lui .. je n'aurais pas causé sa mort : je ne serais point poursuivie par une affreuse image nuit et jour! Oh! que c'est lourd, un remords!... En vain je me réfugie dans les fié-vreuses agitations d'une vie d'intrigues et de ruses, la pâle figure d'Arthur me poursuit partout. Je le vois étendu sur ce brancard, le front caché par ses cheveux en désordre et pleins d'herbes, l'œil fermé, les lèvres sanglantes! Et je ne peux pas m'empêcher de voir ça toujours!... Et ce cruel bouquet, ces fleurs accusatrices qui, chaque année, viennent me dire : lâche! tu l'as laissé mou-rir!... Il t'appelait!... (*Tout bas.*) Il m'a appelée. Je pouvais le

sauver, je l'ai laissé mourir! Ah! cette pensée me rend folle!...
(*Se calmant tout à coup à la vue de madame Berthollet.*)
Que me voulez-vous, ma chère madame Berthollet?

SCÈNE VII.

MADAME DE BLOSSAC, MADAME BERTHOLLET.

MADAME BERTHOLLET.
Madame, voici M. de Saint-Iriex, le président de votre œuvre.
MADAME DE BLOSSAC.
Ah! c'est bien. Faites-le entrer dans ce salon; je vais cher-
cher le compte-rendu du trimestre que j'ai terminé ce matin.
MADAME BERTHOLLET.
Oui, madame. (*Madame de Blossac sort par la gauche.*)
MADAME BERTHOLLET, *seule.*
Un bien digne homme, que ce M. de Saint-Iriex!

SCÈNE VIII.

MADAME BERTHOLLET, M. DE SAINT-IRIEX.

M. DE SAINT-IRIEX.
Bonjour, madame Berthollet. Comment se trouve-t-elle aujour-
d'hui, votre chère maîtresse?
MADAME BERTHOLLET.
Mieux, mais encore souffrante. Comment une personne qui vit
d'abstinence et de mortifications pourrait-elle se rétablir?
M. DE SAINT-IRIEX.
Elle a tort, elle devrait se soigner. Elle se doit à tous ceux
qu'elle édifie par sa conduite.
MADAME BERTHOLLET.
C'est ce que je lui dis sans cesse, mais elle ne m'écoute pas...
Avant le jour, la voilà partie!... Elle va visiter ses pauvres, elle
leur porte tout ce qu'elle a. (*Elle lui montre un petit habit
qu'elle tient à la main.*) Tenez, ce vêtement...
M. DE SAINT-IRIEX.
Une bonne œuvre?

MADAME BERTHOLLET.

Oui, encore. Et un courage, une charité vraiment admirables !
Moi, je la regarde comme une sainte.

M. DE SAINT-IRIEX.

Ce que vous pensez là, nous le pensons tous.

MADAME BERTHOLLET.

Quelle différence avec cette madame de Clairmont !

M. DE SAINT-IRIEX.

Madame de Clairmont fait beaucoup de bien aussi. Elle a son
mérite... c'est un autre genre... un esprit moins sérieux.

MADAME BERTHOLLET.

Vous êtes bon ! C'est une évaporée, une mondaine ! Si c'est la
piété le matin, c'est le scandale le soir ; tandis que madame de
Blossac, c'est la vertu à toutes les heures. On ne voit venir chez
elle que des hommes graves... tous hommes mûrs et simples
comme vous, monsieur de Saint-Iriex, et incapables de tourner la
tête à une femme.

M. DE SAINT-IRIEX.

On dit que le maréchal d'Estigny aurait quelque idée de l'épouser. Cela serait excellent pour notre œuvre... madame la maréchale présidente !

MADAME BERTHOLLET.

Il pourrait bien se vanter d'avoir pour femme la vertu même !...
Mais la voici.

SCÈNE IX.

MADAME DE BLOSSAC, MADAME BERTHOLLET,
M. DE SAINT-IRIEX.

MADAME DE BLOSSAC, *entrant.*

Monsieur de Saint-Iriex...

M. DE SAINT-IRIEX, *saluant.*

Madame...

MADAME BERTHOLLET, *revenant.*

Ah ! j'oubliais... Voici, madame, le petit uniforme.

M. DE SAINT-IRIEX, *étonné.*

Le petit uniforme...

MADAME BERTHOLLET, *attendrie*.

Oui, un habit pour le singe du petit Savoyard... J'ai cousu les boutons.

MADAME DE BLOSSAC.

C'est bien, ma chère madame Berthollet, laissez-le là ; il va venir, je le lui donnerai... merci ! (*Madame Berthollet sort après avoir posé l'habit sur la table à ouvrage au fond à droite.*)

SCÈNE X.

MADAME DE BLOSSAC, M. DE SAINT-IRIEX.

M. DE SAINT-IRIEX.

Toujours charitable ! c'est une fortune pour lui que ce soin touchant... (*Il regarde le petit uniforme avec attendrissement.*) Vous êtes un ange !

MADAME DE BLOSSAC.

Ne parlons pas de cela. Voyons, monsieur le président, parlons de notre œuvre... sera-t-elle adoptée par l'administration?

M. DE SAINT-IRIEX.

J'en doute. Il nous faudrait pour cela la protection d'un personnage en crédit... (*Finement.*) Le maréchal d'Estigny, par exemple...

MADAME BERTHOLLET, *annonçant*.

Madame la comtesse et mademoiselle de Clairmont.

MADAME DE BLOSSAC, *avec dignité*.

Voici sa nièce, adressez-vous à elle.

SCÈNE XI.

MADAME BERTHOLLET, JEANNE, LA COMTESSE, MADAME DE BLOSSAC, M. DE SAINT-IRIEX.

MADAME DE BLOSSAC, *allant au-devant de la comtesse*.

C'est un honneur bien inattendu pour moi que la visite de madame de Clairmont.

LA COMTESSE.

Il ne faut pas m'en savoir gré... je viens par ordre... c'est mon oncle qui m'envoie... Il veut absolument vous voir aujourd'hui.

MADAME DE BLOSSAC.

Et pourquoi?

MADAME BERTHOLLET.

Madame Duvernois, madame Courtin.

LA COMTESSE, *confidentiellement.*

Pour une raison que nous vous dirons tout à l'heure... quand vous aurez moins de monde. (*Madame de Blossac conduit la comtesse et Jeanne au canapé sur lequel elles s'asseyent.*)

SCÈNE XII.

MADAME BERTHOLLET, MADAME DUVERNOIS, MADAME COURTIN, M. DE SAINT-IRIEX, MADAME DE BLOSSAC, LA COMTESSE, JEANNE.

M. DE SAINT-IRIEX.

Ah! deux dames de notre œuvre. (*Aux dames.*) Toujours exactes, mesdames? (*Madame de Blossac vient recevoir les deux dames, puis retourne près de la comtesse et s'assied à côté d'elle sur une chaise. Madame Duvernois et madame Courtin vont à la table à gauche.*)

MADAME BERTHOLLET.

M. des Tourbières.

M. DE SAINT-IRIEX.

Et notre trésorier.

SCÈNE XIII.

LES PRÉCÉDENTS, DES TOURBIÈRES : *costume simple, tenue sévère, démarche empesée, le ton sentencieux d'un sot qui pèse ses paroles.*

DES TOURBIÈRES, *aux deux dames qui le saluent.*

Ne prenez pas garde à moi, mesdames, de grâce!... (*A part.*) Attention! mesurons mon discours et soyons à mon rôle de vertueux imbécile. (*Haut à madame de Blossac.*) Hier, vous étiez bien souffrante, madame... Êtes-vous plus satisfaite de votre santé aujourd'hui? J'avais le projet de venir savoir plus tôt de vos nouvelles, mais il m'a été impossible de l'effectuer.

MADAME DE BLOSSAC.

Je suis mieux, je vous remercie

DES TOURBIÈRES.

Prenez-y garde, madame de Blossac! à force de mortifications, vous vous rendrez malade... Je vous le dis toujours... c'est grave!... Il ne faut pas jouer avec les mortifications. (*A la comtesse.*) Monsieur le maréchal?...

LA COMTESSE.

Il vous attend ce soir. Il a quelque chose à vous dire. (*Elle cause avec madame de Blossac.*)

DES TOURBIÈRES.

Quelque chose à me raconter, sans doute.

MADAME DE BLOSSAC, *à la comtesse.*

' C'est son auditeur favori.   .

DES TOURBIÈRES, *à part.*

C'est-à-dire sa victime préférée. (*Haut à Jeanne en passant derrière le canapé.*) Mademoiselle, oserai-je vous demander si vous avez donné un pendant à ce charmant paysage que vous présentâtes l'autre jour au maréchal?

JEANNE.

Pas encore, mais j'y travaille.

DES TOURBIÈRES.

Vous cultivez le dessin avec préférence?

JEANNE.

C'est ma passion !

DES TOURBIÈRES, *choqué.*

Passion! ce mot me surprend... Savez-vous ce que c'est que d'avoir une passion?

JEANNE.

Oui, c'est aimer trop.

LA COMTESSE.

Qu'est-ce qu'elle dit donc là?

JEANNE

Maman, je dis que j'aime à dessiner beaucoup trop.

LA COMTESSE.

C'est vrai: elle se lève avec le jour pour dessiner, et le soir huit heures elle tombe de sommeil.

DES TOURBIÈRES.

Quel est son maître de dessin?

LA COMTESSE.

C'est Marcelin.

DES TOURBIÈRES.

Excellent!... un véritable artiste. (*Il indique à Jeanne un tableau appendu à droite; Jeanne se lève pour le regarder et des Tourbières va rejoindre Saint-Iriex à gauche.*)

MADAME DE BLOSSAC.

Et puis un bien honnête homme! (*Bas à la comtesse.*) Il avait tourné la tête à une de ses élèves... Eh bien! il l'a épousée... c'est une belle action!

LA COMTESSE.

Oui, mais comme il ne pourrait pas la recommencer, je vais lui donner son congé, à ce séducteur... honnête homme! Est-ce que vous croyez avoir fait son éloge?

MADAME DE BLOSSAC.

Mais sans doute, madame, c'est un éloge sincère.

LA COMTESSE.

Et mortel!... Quels éloges. Ah! si c'est comme cela que vous les faites?... je vous en prie, dites toujours du mal de moi.

MADAME DE BLOSSAC.

Madame, de grâce, n'ayez pas d'esprit contre moi : cela vous est trop facile.

JEANNE, *apercevant l'uniforme du singe.*

Ah! un uniforme! qu'est-ce que c'est que ça?... (*A madame de Blossac.*) Permettez-vous, madame?

M. DE SAINT-IRIEX, *faisant un pas vers Jeanne.*

Cela! c'est une belle action!

LA COMTESSE.

Encore! (*A part.*) J'ai peur, cela va être quelque noirceur.

JEANNE, *au milieu de la scène.*

C'est un paletot pour une levrette!

M. DE SAINT-IRIEX.

Non, c'est un uniforme de major.

JEANNE.

Pour un polichinelle?

M. DE SAINT-IRIEX.

Pour un singe! pour le gagne-pain d'un petit Savoyard dont madame de Blossac est la bienfaitrice... Elle a accueilli l'enfant des montagnes, et elle protége sa modeste industrie.

DES TOURBIÈRES, *avec un attendrissement comique.*

Je la reconnais bien là ! sa bonté est inépuisable. Madame de Blossac étend l'humanité jusque sur...

LA COMTESSE, *à part.*

Les singes?

DES TOURBIÈRES.

Jusque sur les moindres créatures... Ce pauvre petit joueur de vielle, comme il va vous bénir !

JEANNE.

Eh bien ! maman n'est pas dans ces idées-là... Elle ne veut pas que les enfants courent les rues... Elle aussi a recueilli, il y a trois ans, un petit Savoyard, mais elle l'a forcé à vendre sa vielle et elle a mis le pauvre enfant en pension chez les Frères... Il pleurait bien! (*Elle reporte l'habit où elle l'a pris et reprend sa place sur le canapé.*)

M. DE SAINT-IRIEX.

Ce genre de charité en vaut un autre... l'éducation est le plus grand des bienfaits.

DES TOURBIÈRES.

C'est selon, pardonnez-moi !... Pour nous autres, oui... mais l'éducation est souvent fatale aux enfants du pauvre. Ils apprennent à lire, et ils lisent des livres dangereux... Ils apprennent à écrire, monsieur, et ils deviennent souvent faussaires... Eh bien ! s'ils n'avaient pas appris à écrire, ils n'auraient pu commettre de faux en écriture !

M. DE SAINT-IRIEX.

Vous allez un peu loin...

DES TOURBIÈRES.

Ce que je dis est vrai, monsieur, je ne hasarde rien... D'après un relevé statistique que j'ai vu... que j'ai vu, mesdames, de mes deux yeux vu, il a été constaté que tous les condamnés pour faux en écriture, savaient écrire tous plus ou moins bien !

M. DE SAINT-IRIEX.

Cela doit être. (*Il va rejoindre les dames à gauche.*)

DES TOURBIÈRES, *à part.*

Je suis content de moi ; je suis presque aussi bête que ce monsieur. Allons, c'est plus facile d'être bête que je ne le croyais.

MADAME DE BLOSSAC, *bas à la comtesse.*

Nous ne serons pas seules un moment... (*Elles se lèvent toutes les trois et descendent à l'extrême droite.*) Dites-moi donc, madame, pourquoi M. le maréchal d'Estigny veut absolument me voir aujourd'hui.

LA COMTESSE, *bas à madame de Blossac.*

Il m'envoie vous prier à dîner... Il veut que sa chère voisine partage sa joie, le bonheur de toute sa famille... Il ne veut pas un regret.

MADAME DE BLOSSAC.

Vous avez donc une bonne nouvelle à m'apprendre?

LA COMTESSE.

Le mariage de ma fille... Il a voulu que je vinsse moi-même vous l'annoncer.

MADAME DE BLOSSAC.

Elle se marie déjà! mais c'est une enfant.

JEANNE.

Je vais avoir seize ans!

LA COMTESSE.

Mon futur gendre doit dîner avec nous. Je suis certaine qu'il vous plaira; quoique jeune, c'est un homme sérieux. Peut-être même avez-vous déjà entendu parler de lui... c'est M. de Renneville...

MADAME DE BLOSSAC.

M. de Renneville!... Lequel? j'en connais un.

LA COMTESSE.

Hector de Renneville.. Il y en a deux... Lequel est le vôtre?

MADAME DE BLOSSAC.

Hector!... oui, c'est bien cela!... c'est le mien.

LA COMTESSE.

Ah! vous le connaissez?

MADAME DE BLOSSAC.

Et vous ne m'apprenez rien en me disant que c'est un des jeunes gens les plus distingués de Paris... et puis c'est un très-bon parti! Que je suis joyeuse de cette bonne nouvelle! Vous ferez au maréchal tous mes compliments (*Lui tendant la main.*) et vous, acceptez-les aussi. Cette chère Jeanne! (*Elle passe à elle et va l'embrasser. La comtesse est accaparée par M. de Saint-Iriex, mais elle suit des yeux sa fille.*)

M. DE SAINT-IRIEX.

Eh bien! madame de Clairmont, vous nous tenez toujours

rigueur? Vous qui quêtez pour l'œuvre des Crèches, pour toutes les bonne œuvres fondées à Paris, vous refusez de participer à la nôtre ?

LA COMTESSE.

Je n'y crois pas à la vôtre. Monsieur de Saint-Iriex, il n'y a rien de plus dangereux au monde que les idées fausses : elles font tort aux idées justes.

DES TOURBIÈRES.

Cependant, madame, la charité est toujours la charité, et l'aumône...

LA COMTESSE.

Il ne faut pas abuser de l'aumône. L'aumône a aussi son crédit, qu'il faut savoir ménager.

MADAME DE BLOSSAC, *à Jeanne, du côté opposé à Saint-Iriex.*

Il y a longtemps que vous le connaissez?

JEANNE.

Deux mois.

MADAME DE BLOSSAC.

Vous ne l'aimez pas?

JEANNE.

Si !...

MADAME DE BLOSSAC.

Déjà?

JEANNE.

Moi, je crois qu'on doit s'aimer tout de suite, ou jamais : c'est une idée que j'ai!

MADAME DE BLOSSAC.

Cependant il faut savoir si l'on se convient.

JEANNE.

On devine cela. (*Montrant des Tourbières.*) Je n'ai pas besoin de voir ce monsieur-là bien longtemps, pour savoir que je ne l'aimerai jamais.

MADAME DE BLOSSAC.

L'aimable étourdie !... elle dit tout !... Mais lui, vous aime-t-il ?

JEANNE.

Non, il rit toujours !... Quand je lui dis une niaiserie, il s'écrie : Qu'elle est gentille! Ce n'est pas aimer, cela.

MADAME DE BLOSSAC.

Et comment ne l'ai-je pas encore rencontré chez le maréchal ?

JEANNE.

Il n'y vient que le matin... Il était en deuil, il n'allait pas dans le monde.

MADAME DE BLOSSAC.

Et à quand la noce?

JEANNE.

Je ne sais pas.

LA COMTESSE, *qui n'a pas quitté sa fille des yeux,*
et se rapprochant d'elle.

La noce? Dans trois semaines, mais ce soir la fête des fiançailles... A ce soir donc!

MADAME DE BLOSSAC.

Comment, vous partez déjà?

LA COMTESSE.

Pardon de vous quitter si tôt; nous avons de graves affaires, un trousseau : Jeanne a rendez-vous avec des couturières, des marchandes de modes.

JEANNE.

On me fait un chapeau à plumes.

LA COMTESSE.

Adieu donc! je vais vous annoncer à mon oncle et lui dire le succès de mon ambassade.

MADAME DE BLOSSAC.

A ce soir! (*Madame de Blossac reconduit la comtesse jusque dans le second salon.*)

SCÈNE XIV.

MADAME DUVERNOIS,
DES TOURBIÈRES, M. DE SAINT-IRIEX, MADAME COURTIN.

MADAME COURTIN.

Quelle est donc cette dame?

M. DE SAINT-IRIEX.

C'est la nièce du maréchal d'Estigny.

MADAME DUVERNOIS.

C'est une merveilleuse! une femme à la mode.

M. DE SAINT-IRIEX.

Ce qui ne l'empêche pas de faire de généreuses aumônes.

MADAME DUVERNOIS.

Avez-vous remarqué cette robe?

MADAME COURTIN.

Quel mantelet! On nourrirait cent pauvres avec cette parure-là.

DES TOURBIÈRES.

On fait travailler cent ouvriers...cela revient au même.(*Madame
Duvernois va auprès de madame Courtin, à droite.*)

M. DE SAINT-IRIEX.

Bien, monsieur des Tourbières!

DES TOURBIÈRES.

Mesdames, vous ne vous intéressez qu'aux épileptiques... c'est
de la partialité.

SCÈNE XV.

DES TOURBIÈRES, MADAME DE BLOSSAC,
M. DE SAINT-IRIEX, MADAME DUVERNOIS,
MADAME COURTIN.

DES TOURBIÈRES, *bas à madame de Blossac
qui vient de rentrer.*

Je n'ai plus rien à vous apprendre?

MADAME DE BLOSSAC, *bas.*

Non.

DES TOURBIÈRES, *bas.*

C'est elle qu'il va épouser?

MADAME DE BLOSSAC, *sans lui répondre, à haute voix.*

Qu'elle est charmante, mademoiselle de Clairmont, n'est-ce
pas?

M. DE SAINT-IRIEX.

Elle est jolie.

MADAME DE BLOSSAC.

Jolie, ce n'est rien.

DES TOURBIÈRES, *en descendant un peu la table.*

Ce qui plaît en elle, c'est cette naïveté, cet air d'innocence si
naturel!

MADAME DE BLOSSAC.

Sa vue seule suffit pour désarmer, pour confondre les méchants. Oh! je suis bien aise qu'on la marie! Tous ces vilains bruits vont tomber.

MADAME DUVERNOIS.

Des bruits?

MADAME DE BLOSSAC.

Des propos absurdes!

MADAME DUVERNOIS.

Des propos? (*Madame Duvernois et madame Courtin vont à la table à gauche.*)

MADAME DE BLOSSAC.

Ces dames ont sans doute terminé leur examen? Nous pouvons, monsieur le président, nous occuper de notre œuvre.

M. DE SAINT-IRIEX.

Un instant, madame... un instant... je voudrais...

MADAME DE BLOSSAC.

Voici la réponse du médecin; il consent à donner ses soins à nos pauvres malades.

M. DE SAINT-IRIEX.

Des propos sur mademoiselle de Clairmont!... (*A part.*) Oh! mais ceci me regarde. (*Haut.*) Et de quelle nature?

MADAME DE BLOSSAC.

Une histoire impossible. — Voilà, monsieur le président, une demande d'admission : une pauvre femme du faubourg du Roule désire faire entrer son fils...

MADAME DUVERNOIS.

Il n'a pas les conditions voulues.

DES TOURBIÈRES.

Il n'est pas épileptique?

MADAME DUVERNOIS.

Il a seulement un tic nerveux.

MADAME DE BLOSSAC.

Allons, madame Duvernois, il faut être indulgente.

DES TOURBIÈRES.

Fermons les yeux. (*A part.*) Une œuvre de charité saupoudrée de calomnie, cela devient piquant.

M. DE SAINT-IRIEX.

On prête des aventures à mademoiselle de Clairmont?

MADAME DE BLOSSAC.

Des aventures, non... une seule, et c'était bien assez. Quand

on me parlait de ces choses-là, moi, qui la connais, j'étais indignée !

M. DE SAINT-IRIEX.

Les personnes que nous croyons connaître sont souvent celles
qui se cachent le plus de nous; et si cette demoiselle a des intrigues, certes, ce n'est pas vous, ce n'est pas madame de Blossac
qu'elle choisira pour confidente.

MADAME DUVERNOIS.

Non, certainement.

MADAME DE BLOSSAC.

Non, mais elle n'a rien à confier... je répondrais d'elle. Et vous
voyez que les odieuses calomnies dont on a voulu flétrir son nom
ne lui ont fait aucun tort, puisque tout cela se termine par un
excellent mariage... Les méchants en seront pour leurs frais,
j'en suis bien contente, car je deviens méchante à mon tour.

DES TOURBIÈRES, *à part*.

Diable ! elle prend sa défense... elle veut la perdre.

M. DE SAINT-IRIEX.

Peut-être, madame, les soupçons ne sont-ils pas aussi légers
que votre bon cœur vous le fait croire...

MADAME DE BLOSSAC.

Mon bon cœur me fait croire qu'une jeune fille bien élevée,
comme l'est mademoiselle de Clairmont, est incapable de donner
des rendez-vous la nuit à un jeune homme.

M. DE SAINT-IRIEX.

Des rendez-vous !

MADAME DE BLOSSAC.

On a beau dire que le père de monsieur... monsieur... j'oublie
le nom... Ah ! M. Charles Valleray...

M. DE SAINT-IRIEX.

Charles Valleray !

MADAME DE BLOSSAC.

Était l'ennemi de sa famille; que si elle l'aimait, elle ne pouvait le voir qu'en secret... Je ne croirai jamais ce conte-là.

DES TOURBIÈRES.

Allons donc ! c'est quelque méprise qu'il ne faut pas ébruiter.

M. DE SAINT-IRIEX.

Monsieur, un nom cité..... un rendez-vous donné la nuit.....
c'est sérieux !

2

MADAME DE BLOSSAC.

Qu'importe, si c'est un mensonge, qu'un nom soit cité!...
N'affirme-t-on pas que le jardinier de la vieille marquise de Clairmont, Léonard, le jardinier qu'elle avait à Blois, a lui-même surpris les deux jeunes gens?

MADAME DUVERNOIS.

Surpris les deux jeunes gens!

M. DE SAINT-IRIEX.

Les deux jeunes gens!

MADAME DE BLOSSAC.

Tout cela prouve bien que c'est une histoire inventée à plaisir.

M. DE SAINT-IRIEX.

Mais qui vous prouve la fausseté de ce récit?

MADAME DE BLOSSAC.

L'innocence de Jeanne. Vous avez pu la juger d'un coup d'œil...
vous l'avez vue.

M. DE SAINT-IRIEX.

Pardon, madame, mais pour des raisons,... des raisons qu'il
est inutile de vous dire, je ne puis entendre de sang-froid des
propos qui...

MADAME DUVERNOIS.

Eh monsieur, vous n'êtes pas le tuteur de mademoiselle
Jeanne!

M. DE SAINT-IRIEX.

Non, madame, mais je suis...

MADAME DE BLOSSAC.

Un allié des Clairmont?

M. DE SAINT-IRIEX.

Non, madame.

MADAME DE BLOSSAC.

Un camarade du maréchal?

M. DE SAINT-IRIEX.

Je n'ai pas cet honneur.

MADAME DE BLOSSAC.

Alors, monsieur, de quel droit vous hâtez-vous d'accueillir des
soupçons indignes?

M. DE SAINT-IRIEX.

Du droit de ma conscience, madame, qui m'ordonne d'avertir
les personnes intéressées.

MADAME DE BLOSSAC.

Monsieur, vous m'effrayez ! Devant qui ai-je eu le malheur de parler ?

M. DE SAINT-IRIEX.

Devant l'ami du marquis de Renneville.

MADAME DE BLOSSAC.

Le père d'Hector de Renneville ! Ah ! monsieur, je vous en conjure...

M. DE SAINT-IRIEX, *allant prendre son chapeau sur une chaise au fond.*

Je connais mon devoir, madame ? Le blazon des Renneville doit rester sans tache...

MADAME DE BLOSSAC.

Mais enfin que prétendez-vous ?

M. DE SAINT-IRIEX.

Je connais mon devoir ! et je sais ce qu'il me reste à faire.

(*Il sort.*)

SCÈNE XVI.

MADAME COURTIN, MADAME DUVERNOIS, MADAME DE BLOSSAC, DES TOURBIÈRES.

MADAME DUVERNOIS.

Quel scandale ! à seize ans avoir déjà des intrigues !

MADAME COURTIN.

Ah ! c'est le fruit de l'éducation nouvelle.

DES TOURBIÈRES.

En effet, cela ne s'était jamais vu ! (*Bas à madame de Blossac, avec malice.*) Imprudente ! vous avez raconté cette aventure devant ce vieillard, et il est l'ami du marquis de Renneville !

MADAME DE BLOSSAC.

Ah ! je suis désolée.

DES TOURBIÈRES, *à part.*

Elle le savait ! (*Haut.*) Mais cette histoire ?...

MADAME DE BLOSSAC.

Elle est vraie.

DES TOURBIÈRES.

Non, c'est une calomnie.

MADAME DE BLOSSAC.

Bientôt tout vous sera révélé. L'histoire est vraie.

DES TOURBIÈRES.

Vraie?... Je ne l'aurais pas cru...

MADAME DE BLOSSAC.

Comment?

DES TOURBIÈRES.

Vous avez du bonheur !

FIN DU PREMIER ACTE.

ACTE DEUXIÈME

Un salon richement meublé, dans l'hôtel du maréchal d'Estigny ;
au fond, des serres en galerie,

SCÈNE PREMIÈRE.

LE MARÉCHAL, *debout*, UN SECRÉTAIRE, *assis à gauche.*

LE MARÉCHAL, *dictant au secrétaire.*

« ... Et c'est alors qu'entraîné par la vigueur de mes raisonnements, le congrès médiateur résolut d'affranchir de toutes vicissitudes territoriales les enclaves sécularisées par les Hautes Puissances contractantes. » Bien ! restons-en là ; je relirai ce chapitre cette nuit. (*S'asseyant.*) Ce morceau me plaît. Je l'ai travaillé ! il le fallait : le fait exact était trop nu. Ah ! la plume vous emporte ! Si l'on ne la retenait, la perfide ! elle vous entraînerait à dire la vérité... cela serait joli ! D'ailleurs, si l'on devait dire tout bêtement ce qu'on a vu, ce ne serait pas la peine d'écrire ses mémoires. Bien plus, si l'on racontait les événements tels qu'ils sont arrivés, le public n'y croirait pas ; il faut leur refaire des probabilités. Ah ! voilà ma petite Jeanne ! — Je me sens fatigué, allez vous reposer, mon cher Girard ; après ce lourd travail, son gentil babil va me distraire. (*Le secrétaire sort. — Jeanne hésite à entrer.*)

SCÈNE II.

LE MARÉCHAL, JEANNE.

LE MARÉCHAL, *debout.*

Viens donc, Juanina.

JEANNE.

Debout ! quel bonheur ! Il vient au-devant de moi ! Je vais bien l'embrasser pour la peine. Et la goutte?... Partie?... Il n'a plus besoin de mon bras. Mon cher petit oncle, que je suis contente !

LE MARÉCHAL, *lui prenant la main et allant se rasseoir.*

Tu l'aimes donc ! ton pauvre oncle?

JEANNE.

Oh! oui... Il est si bon à aimer ! Et puis, cela m'amuse beaucoup de le caresser... oui, ça m'amuse... Quand je vois tout le monde qui a l'air de trembler devant lui, qui le traite avec tant de cérémonie... « Monsieur le maréchal par çi, Monsieur l'ambassadeur par là... » et l'on parle tout bas dans son salon comme dans une église, et l'on n'ose s'asseoir sans sa permission. Enfin, quand je vois tous ces pompeux respects, ça m'amuse de pouvoir lui parler sans façon, moi, à ce grand personnage, de lui sauter au cou sans cérémonie, de l'embrasser par ici, Monsieur le maréchal, et par là, Monsieur. l'ambassadeur, et de m'asseoir sur ses genoux sans sa permission. Ça m'amuse beaucoup ! (*Elle s'assied sur les genoux du maréchal.*

LE MARÉCHAL.

Oh! l'enfant gâté ! (*Il l'embrasse.*) Heureusement qu'un bon mari va vous remettre à la raison, mademoiselle.

JEANNE , *se levant.*

Oh! mon Dieu! lui?... Il va me gâter comme les autres ; j'ai vu ça tout de suite.

LE MARÉCHAL.

Ah! vraiment! Et à quoi donc devines-tu cela? dis... hein?

JEANNE.

A la manière dont il me regarde. Oh! comme il me regarde bien!... Personne ne m'a jamais regardée comme ça.

LE MARÉCHAL.

Il te regarde avec bonté, avec tendresse, comme moi,

JEANNE.

Ce n'est pas du tout la même chose.

LE MARÉCHAL.

Et quelle différence trouves-tu donc entre sa manière de regarder et la mienne?

JEANNE.

Ça n'a aucun rapport. Et puis, ça ne me fait pas le même effet : quand vous me regardez, moi, je vous regarde ; mais aussitôt que lui, il fixe ses deux yeux sur moi, oh ! je ne sais plus que faire

des miens; je suis contente, et pourtant je voudrais m'en aller.
C'est très-singulier.

LE MARÉCHAL.

Et tu ne t'en vas pas?

JEANNE.

Non... Je suis un peu comme est madame de Blossac quand elle
entre ici, j'ai l'air embarrassé, je suis toute tremblante... Est-ce
vrai, mon oncle, que vous allez vous marier avec elle?

LE MARÉCHAL.

Non, mon enfant. Qui t'a conté cela?... Est-ce que cela te
ferait de la peine, si je l'épousais?

JEANNE.

A moi? non vraiment. Je l'aime beaucoup; elle est si bonne!...
et comme elle vous est dévouée! Nous nous entendrions bien
toutes les deux pour vous soigner.

LE MARÉCHAL.

Mais qu'est-ce qui te fait supposer qu'elle m'est si dévouée?

JEANNE.

Elle le dit toute la journée; elle parle de vous sans cesse, elle
ne s'occupe que de vous, de vos souffrances; elle a fait trois
neuvaines pour votre jambe, pour votre goutte, et je crois bien
que c'est ça qui vous a guéri; car vous êtes guéri, mon petit
oncle.

LE MARÉCHAL, *se levant.*

Oui, et je vais entreprendre avec toi une grande promenade.

JEANNE.

C'est imprudent, je ne veux pas.

LE MARÉCHAL.

Nous n'irons pas loin... Nous ne sortirons pas de la maison. Je
veux te conduire dans ton nouvel appartement.

JEANNE.

L'appartement du premier, qui donne sur le jardin, et que
vous faites meubler pour M. de Renneville.

LE MARÉCHAL.

Tu le sais?... Et moi qui voulais vous faire une surprise!

JEANNE, *confuse.*

Ah! c'est vrai... que je suis sotte! j'ai oublié d'être étonnée.

LE MARÉCHAL.

Et qui est-ce qui t'a dit mon secret? ce n'est pas ta mère.

JEANNE.

Non, c'est votre vieux secrétaire qui l'a dit par imprudence devant moi, et j'avais bien promis que j'aurais l'air de tout ignorer. Oh ! ne le grondez pas ; c'est ma faute.

LE MARÉCHAL.

Cela prouve que tu ne sais pas mentir.

JEANNE.

Ah ! si, je sais bien mentir ; c'est que j'oublie. Je suis si étourdie !

LE MARÉCHAL.

J'ai fait moi-même arranger ta chambre, et je te donne pour présent de noce tous les meubles que tu y trouveras.

JEANNE.

Oh ! comme vous êtes bon ! Et je n'aimerais pas un oncle comme celui-là !

LE MARÉCHAL.

Allons la voir cette belle chambre...

UN VALET.

Madame de Blossac !

JEANNE.

Adieu, mon oncle.

LE MARÉCHAL.

Tu me quittes déjà, Giovannina ?

JEANNE.

Oui, mon oncle ; maman m'a dit de m'en aller bien vite, dès qu'il vous vient quelqu'un.

LE MARÉCHAL.

Nous visiterons donc l'appartement demain. En attendant, voilà ce que je voulais mettre dans ta toilette. (*Il lui remet un écrin.*)

JEANNE, *prenant l'écrin.*

Oh ! le joli collier ! les magnifiques perles ! C'est trop beau ; maman ne voudra pas que je porte ça. (*Madame de Blossac paraît au fond.*)

LE MARÉCHAL.

C'est trop beau pour Jeannette... mais pour madame la comtesse de Renneville !...

SCÈNE III.

LE MARÉCHAL, JEANNE, MADAME DE BLOSSAC.

MADAME DE BLOSSAC, *à part.*
La comtesse de Renneville, pas encore !
JEANNE.
Moi !.. il me semble que je lis un conte de fées !... Ah ! madame
de Blossac ! (*Bas au maréchal en montrant madame de
Blossac.*) Regardez-la, voyez comme elle a l'air gauche ; eh bien !
c'est comme ça que je suis avec lui. (*Elle sort en courant par
le fond.*)

SCÈNE IV.

LE MARÉCHAL, MADAME DE BLOSSAC.

MADAME DE BLOSSAC.
Monsieur le maréchal !...
LE MARÉCHAL, *à madame de Blossac.*
Eh bien ! madame, vous voulez forcer un pauvre goutteux à
courir vers vous ?

MADAME DE BLOSSAC.
Je craignais de vous gêner ; vous étiez avec mademoiselle votre
nièce !

LE MARÉCHAL.
C'est Jeannette qui vous fait peur ? Elle vous adore, cette
petite.
MADAME DE BLOSSAC (*émotion jouée*).
Chère enfant !... Je suis venue de bonne heure, pour vous voir
seul... un moment.
LE MARÉCHAL, *conduisant madame de Blossac au canapé,*
à droite.
Vous avez quelque chose à me demander pour un de vos
protégés ?
MADAME DE BLOSSAC.
Non... je n'ai rien à vous demander ; mais j'éprouvais le besoin

de vous revoir sans tout ce monde. Au fait, c'est juste... Cela doit vous surprendre ; moi-même, je ne sais pas pourquoi... ah !

LE MARÉCHAL.

Comment êtes-vous? Je suis bien heureux de vous retrouver enfin. On m'avait dit que vous ne pourriez pas venir aujourd'hui, que vous étiez plus souffrante.

MADAME DE BLOSSAC, *souriante et troublée.*

En effet, je ne pouvais pas venir et je suis beaucoup plus souffrante ; mais je suis venue, j'ai trouvé ce courage !

LE MARÉCHAL, *avec émotion.*

Et je vous en remercie. Moi, je suis à moitié guéri.

MADAME DE BLOSSAC, *tremblante et n'osant lever les yeux.*

Oh ! je le sais ; j'étais bien triste de ne pas être là, mais j'avais de vos nouvelles deux fois par jour. M. Girard, votre secrétaire, avait la bonté de m'en apporter tous les matins et tous les soirs. Je n'aurais pu m'endormir avant qu'il ne m'eût rassurée... mais vous voilà bien. Dieu soit loué !

LE MARÉCHAL.

Jeanne prétend que je dois la santé à vos prières... que vous avez fait des neuvaines pour obtenir ma guérison.

MADAME DE BLOSSAC, *jouant la colère.*

Elle a raconté cela, la petite folle ! On ne peut rien dire devant elle. C'est désolant ! Quel besoin a-t-elle toujours de parler? Je ne lui pardonne pas cette nouvelle indiscrétion. Oh ! que les petites filles mal élevées sont insupportables ! Certes, elle est charmante, et personne ne l'aime plus que moi ; mais vous avouerez, monsieur le maréchal, que sa mère a tort de lui laisser dire tout ce qui lui passe par la tête, répéter tout ce qu'elle entend, et que ses indiscrétions continuelles la rendent très-dangereuse.

LE MARÉCHAL, *tendrement.*

Je ne me plains pas de celle-ci. Tant qu'elle ne trahira que votre intérêt et votre bienveillance pour moi, je lui pardonnerai de bon cœur, et je veux, moi, que vous lui pardonniez aussi... Sans cela je croirai qu'elle m'a trompé. (*Il lui prend la main.*) Vous ne lui en voulez plus?

MADAME DE BLOSSAC.

Je suis de trop bonne foi : je lui en veux encore.

LE MARÉCHAL.

C'est mal, car c'est nier les doux sentiments qu'elle vous prête.
Les niez-vous?

MADAME DE BLOSSAC, *jouant l'embarras.*

Non... mais n'y songeons plus... Ah! vous êtes... impitoyable...

LE MARÉCHAL.

Ne voulez-vous donner un peu d'espoir que pour vite le reprendre?... Dites.

MADAME DE BLOSSAC.

Monsieur le maréchal!...

LE MARÉCHAL.

Eh bien?

MADAME DE BLOSSAC.

Que demandez-vous?

LE MARÉCHAL.

Suis-je donc le seul de vos malheureux dont vous n'aurez pas
pitié?... Voudriez-vous?... (*Un domestique entre*). Quelqu'un.

LE DOMESTIQUE.

M. l'ambassadeur d'Angleterre fait demander si monsieur le
maréchal peut le recevoir.

LE MARÉCHAL.

Conduisez-le dans mon cabinet. — Maudites soient les affaires!

MADAME DE BLOSSAC.

Monsieur le maréchal, je vous en prie...

LE MARÉCHAL.

Vous permettez, madame? Je suis à vous dans l'instant.
(*A part.*) Comme elle est troublée! M. l'ambassadeur est venu
trop tôt. (*Il sort*).

SCÈNE V.

MADAME DE BLOSSAC, *seule, le suivant de l'œil.*

Il est contrarié de me quitter... Je ne l'ai jamais vu si tendre.
Bien! il est amoureux; tout me seconde. Jeanne compromise... un
refus... un refus insultant... un éclat... quel chagrin pour le maréchal!... Amoureux et malheureux! Il faudra bien qu'il vienne à
moi.

SCÈNE VI.

DES TOURBIÈRES, MADAME DE BLOSSAC.

DES TOURBIÈRES, *entrant par la gauche.*

Seule!... et le maréchal? (*Baissant la voix*). Vous faites les honneurs de chez lui, déjà?

MADAME DE BLOSSAC.

Il est là avec l'ambassadeur d'Angleterre; il va revenir.

DES TOURBIÈRES.

Oh! mais vous avez l'air triomphant! Est-ce que le père Renneville a fulminé? Est-ce que la bombe a éclaté?

MADAME DE BLOSSAC.

Pas encore.

DES TOURBIÈRES.

Comment! cette intéressante famille n'est pas encore au désespoir? Qui peut donc vous rendre si heureuse?

MADAME DE BLOSSAC.

Le mal m'afflige toujours, monsieur, et si je n'avais la conscience que je rends service, je n'aurais pas le courrge de désoler des gens que je respecte; mais c'est un devoir. Il s'agit...

DRS TOURBIÈRES.

De déshonorer une honnête famille en perdant une jeune fille.

MADAME DE BLOSSAC.

Au contraire, monsieur, il s'agit d'empêcher une famille honnête de se déshonorer en adoptant une fille perdue.

DES TOURBIÈRES.

C'est un point de vue différent. Dans le monde tout dépend du point de vue... Mais entendons-nous... je suis un franc vaurien, je m'amuse des méchants... mais je ne suis pas de leur confrérie. J'ai le goût du bien... naturellement... comme artiste. Où me menez-vous? J'ai besoin de vous comprendre. Si mademoiselle de de Clairmont est coupable, ce n'est pas à moi à défendre son honneur, et je vous laisse faire. Mais si Jeanne est innocente... songez-y bien! je suis votre confident, mais je ne veux pas être votre complice.

MADAME DE BLOSSAC.

Rassurez-vous... j'ai toutes les preuves de sa faute.

DES TOURBIÈRES.

Est-ce le témoignage de Valleray?... Il la défendra. C'est un honnête homme... Il faut vous défier de lui.

MADAME DE BLOSSAC.

Charles Valleray est à Smyrne. (*A part.*) Je sais ce que je fais.

DES TOURBIÈRES.

Mais on revient de Smyrne; on va lui écrire.

MADAME DE BLOSSAC.

Quand il reviendra...

DES TOURBIÈRES.

J'entends!... vous aurez épousé le maréchal. — Vous l'avez vu? vous lui avez dit que vous l'aimiez?

MADAME DE BLOSSAC.

Non, vraiment; ce n'est pas à moi à lui dire cela.

DES TOURBIÈRES.

Et à qui donc, si ce n'est à vous? Ce n'est pas à moi, je pense?

MADAME DE BLOSSAC.

Ce serait peut-être mieux.

DES TOURBIÈRES.

Quoi! vous voulez que, moi, je fasse pour vous des aveux d'amour à un maréchal! il faut que je lui dise que vous l'aimez!... moi!... Et que lui direz-vous donc, vous?

MADAME DE BLOSSAC.

Je lui dirai le contraire.

DES TOURBIÈRES.

Pourquoi.

MADAME DE BLOSSAC.

Pour qu'il le croie?

DES TOURBIÈRES.

Pour qu'il croie le contraire?

MADAME DE BLOSSAC.

Eh! non : je lui dirai que je ne l'aime pas, pour qu'il croie que je l'aime... Comprenez-vous.

DES TOURBIÈRES.

Oui, je comprends. C'est très-fort!

MADAME DE BLOSSAC.

Il ne serait pas maladroit de lui parler de moi avec froideur, comme d'une personne dont les opinions et le caractère n'ont pas vos sympathies.

DES TOURBIÈRES, *à part.*

Ça m'est plus facile, ça.

MADAME DE BLOSSAC.

Vous pourriez lui dire que j'ai de très-grands défauts, un entre autres qui peut me perdre.

DES TOURBIÈRES.

Et quel est ce défaut unique que vous daignez avoir?

MADAME DE BLOSSAC.

Vous ne le devinez pas?

DES TOURBIÈRES.

Que vous êtes... trop raisonnable... C'est un défaut qui est encore une qualité; c'est ingénieux.

MADAME DE BLOSSAC.

C'est inepte!... Si je suis une femme trop raisonnable, alors c'est par raison que je l'aime, c'est-à-dire par intérêt.

DES TOURBIÈRES.

Sans doute. Je suis stupide!... Ah! je tiens votre défaut : je lui dirai que vous avez une imagination trop ardente.

MADAME DE BLOSSAC.

A un vieillard! quelle idée!

DES TOURBIÈRES.

Imprudent! qu'allais-je dire! Il y aurait de quoi l'épouvanter à jamais. Ce que c'est pourtant que l'exercice! Je m'étudie à paraître bête, et je le deviens! Je ne trouve pas... Avouez-moi vous-même votre défaut.

MADAME DE BLOSSAC.

N'est-ce pas un défaut que d'être trop romanesque, d'aimer l'ombre et le silence, de fuir l'éclat du monde et d'avoir pour idéal?...

DES TOURBIÈRES.

Une chaumière et son cœur!

MADAME DE BLOSSAC.

Allons donc!

DES TOURBIÈRES.

C'est juste! Quel est le plus sûr moyen de parvenir à être la femme d'un maréchal de France? C'est de professer le mépris des grandeurs. Quel est le plus sûr moyen de séduire un vieil Alma-viva (viva, pas trop!) qui veut être aimé pour lui-même, c'est de déclarer qu'on ne veut se marier que par amour... Ah ! *che bestia !* c'est de la grande école.

MADAME DE BLOSSAC.

Il va revenir ; il m'aime, mais je veux connaître ses intentions. Tâchez de les savoir. Je vous laisse avec lui.

DES TOURBIÈRES.

Déjà !... quoi, vous partez ?

MADAME DE BLOSSAC.

J'ai à parler au jardinier des serres, il faut qu'il me dise ce qu'est devenu ce Léonard.

DES TOURBIÈRES.

Léonard ? Qu'est-ce que c'est que Léonard ?

MADAME DE BLOSSAC.

C'est l'ancien jardinier de la vieille marquise de Clairmont, celui qui a surpris Jeanne et Charles Valleray dans le jardin.

DES TOURBIÈRES.

Ah !... vous avez hâte de la perdre.

MADAME DE BLOSSAC.

Je veux retrouver ce témoin.

DES TOURBIÈRES, *à part.*

Et moi aussi. Pauvre Jeanne !

MADAME DE BLOSSAC.

Vous viendrez me rendre compte de votre entretien dans la serre où est la fontaine.

DES TOURBIÈRES.

Prenez garde ; dans la serre, il a des bruyères.

MADAME DE BLOSSAC, *avec un regard de haine.*

Des bruyères !... Méchant homme !... Pourquoi faut-il que j'aie besoin de lui ! (*Elle sort.*)

SCÈNE VII.

DES TOURBIÈRES, *seul.*

Méchante femme ! Pourquoi faut-il que j'aie besoin d'elle. Maudit soit le jour où elle m'a sauvé ! Je la déteste, et pourtant il faut la servir. — Il me tarde qu'elle ait épousé son maréchal. Je la forcerai bien à tenir sa promesse, j'aurai ma place, et, retrouvant mon crédit, je pourrai lui rendre ses vingt mille francs, et alors je ne serai plus engagé... que par la reconnaissance ! — Voilà le maréchal ! Comment vais-je placer mes tendres indiscrétions?... (*Il se retire dans le fond du théâtre.*)

SCÈNE VIII.

DES TOURBIÈRES, LE MARÉCHAL.

LE MARÉCHAL, *rentrant, croyant retrouver madame de Blossac.*

Enfin, je suis libre, ma chère voisine... (*Apercevant des Tourbières.*) C'est vous, Des Tourbières?... Qu'est devenue madame de Blossac.

DES TOURBIÈRES.

Elle se promène dans votre belle serre. C'est vraiment merveilleux !

LE MARÉCHAL.

Avec ma nièce, sans doute?

DES TOURBIÈRES.

Oui, j'aperçois plusieurs personnes.

LE MARÉCHAL.

Vous dînez avec nous?

DES TOURBIÈRES, *préoccupé.*

Monsieur le maréchal... cet honneur... (*A part.*) Je ne sais comment aborder la question.

LE MARÉCHAL.

Qu'avez-vous donc? quel air préoccupé !

DES TOURBIÈRES.

Il est vrai. J'ai intérêt à découvrir une chose... fort importante... que je ne puis demander à personne... et il me faut inventer un moyen délicat... ingénieux... d'arriver... Vous trouveriez cela tout de suite, monsieur le maréchal.

LE MARÉCHAL.

A qui le dites-vous?

DES TOURBIÈRES.

Savoir sans demander... c'est votre talent.

LE MARÉCHAL.

On me le reconnait. Tenez, justement dans ma dernière mission en Autriche... car j'ai eu plus d'une mission dans ce pays-là...

DES TOURBIÈRES.

Je le sais, je le sais, monsieur le maréchal.

LE MARÉCHAL.

J'ai un incident qui se rapporte tout à fait à la situation embarrassante où vous vous trouvez.

DES TOURBIÈRES, *à part.*

Ah ! voilà un incident.

LE MARÉCHAL.

Et puisque ces dames causent ensemble, j'ai le temps de vous raconter...

DES TOURBIÈRES, *à part.*

Je me suis attiré cela ; je n'ai que ce que je mérite.

LE MARÉCHAL.

Asseyez-vous, mon cher Des Tourbières.

DES TOURBIÈRES, *à part.*

Si je m'asseois, je m'endors.

LE MARÉCHAL.

Prenez ce fauteuil.

DES TOURBIÈRES.

Merci!.. Je resterai debout.

LE MARÉCHAL.

Écoutez donc. Il s'agissait de pénétrer un secret, un secret d'État que le prince de Metternich n'avait confié qu'à une seule personne.

DES TOURBIÈRES.

A une seule personne... c'est déjà trop.

LE MARÉCHAL.

Bien dit, comme vous allez voir. Ce confident unique se nommait le baron de Türstenstauffen von Schnitzenstein.

DES TOURBIÈRES, *à part.*

L'écho aura de la peine à répéter ce nom-là. (*Haut.*) Le baron de...?

LE MARÉCHAL.

Türstenstauffen von Schnitzenstein.

DES TOURBIÈRES.

Voilà un secret bien gardé! Un homme qui a un nom comme celui-là, ce doit être un tombeau.

LE MARÉCHAL.

Aussi l'a-t-il bien gardé, son secret; mais il n'a pas su si bien garder sa femme.

DES TOURBIÈRES, *à part.*

Une aventure de femme!... Je place mes aveux... et je n'entendrai pas ton histoire... (*Haut.*) Une femme que vous avez séduite... le beau mérite! elles vous adorent toutes.

LE MARÉCHAL.

Autrefois je leur plaisais assez, mais aujourd'hui...

DES TOURBIÈRES.

Aujourd'hui plus que jamais! — J'en connais une dont le trouble sans doute ne vous a pas échappé.

LE MARÉCHAL.

Qu'est-ce que vous me contez là? Quoi! malgré mon âge?...

DES TOURBIÈRES.

Ah! vous êtes trop fin pour n'avoir pas deviné...

LE MARÉCHAL.

Deviné, quoi? Vous piquez ma curiosité... Cela se rapporte-t-il à cette idée qui vous préoccupait tout à l'heure si vivement?

DES TOURBIÈRES.

On n'a besoin de vous rien dire... vous lisez dans la pensée.

LE MARÉCHAL.

J'ai quelquefois besoin d'un traducteur... Expliquez-vous.

DES TOURBIÈRES.

Eh bien, j'ai l'honneur d'être reçu, avec la plus flatteuse bienveillance, par un haut personnage... dont la plume n'a rien à envier à l'épée. On prête à ce guerrier illustre des projets de mariage dont le monde s'entretient déjà sérieusement. A ce sujet, sachant mon dévouement pour lui, chacun m'interroge. Je ne lui demande pas de me révéler ses intentions... je lui demande seulement de m'inspirer... et de me faire connaître ce que je dois répondre.

LE MARÉCHAL.

Ah! on marie ce personnage!... Et avec qui, s'il vous plaît, veut-on le marier?

DES TOURBIÈRES.

A une femme d'une supériorité incontestable... mais romanesque. Si j'avais le droit de donner un avis, je ne conseillerais pas à un homme ambitieux de l'épouser.

LE MARÉCHAL.

Ah! elle est romanesque!

DES TOURBIÈRES.

Elle ferait peut-être son bonheur par sa tendresse, ses soins, son adoration continuelle; mais ce serait un homme perdu pour le monde, pour les grandes affaires, pour la gloire. Elle serait jalouse de nous tous, et elle n'aurait qu'une idée, ce serait de l'enfermer dans son vieux château, pour l'adorer là tout à son aise, sous de frais ombrages, dans les prés fleuris, et cela serait désolant!

LE MARÉCHAL.

Hé! hé! je ne détesterais point cette existence-là. Mais, rassurez-vous; on n'y pense pas.

DES TOURBIÈRES.

Ah! (*A part.*) Diable! et ma préfecture!

LE MARÉCHAL.

Voilà ce que vous pourrez répondre.

DES TOURBIÈRES.

Il suffit, monsieur le maréchal.

LE MARÉCHAL.

Je ne veux pas même savoir de qui vous avez voulu parler. Quant à moi, le seul mariage qui m'occupe est celui de ma chère petite-nièce. Ah! la voici avec son prétendu. Croyez-moi, monsieur Des Tourbières, l'âge des romans, c'est celui-là.

DES TOURBIÈRES, *à part.*

Pudeur de vieillard! Il est amoureux, voilà toujours de quoi le faire rêver.

LE MARÉCHAL.

Mais, Des Tourbières, je vous dois l'histoire du baron...

DES TOURBIÈRES.

Je viendrai moi-même la réclamer. (*A part.*) Je ne l'échapperai pas!

LE MARÉCHAL, *à part.*

Il n'est pas fort, ce pauvre Des Tourbières; mais il écoute bien.

SCÈNE IX.

DES TOURBIÈRES, JEANNE, LA COMTESSE, LE MARÉCHAL.
HECTOR.

LE MARÉCHAL.

Bonsoir, mon cher Hector. Seul? Et votre père? et Renneville?

HECTOR.

Je croyais le trouver ici.

LE MARÉCHAL, *présentant Des Tourbières à Hector.*

Monsieur le baron Des Tourbières. (*A Des Tourbières en désignant Hector.*) Mon futur gendre, car je considère Jeannette comme ma fille, et son mari sera mon fils. Viens ici, petite. (*Il embrasse Jeanne.*) Je vous marie au plus brave jeune homme que je connaisse ; si vous n'êtes pas heureuse, vous aurez affaire à moi, mademoiselle.

JEANNE, *regardant Hector.*

Mais, mon oncle, ce n'est pas moi qu'il faudra gronder.

LA COMTESSE.

Ah! monsieur le maréchal, je vous apporte une nouvelle qui va vous charmer.

LE MARÉCHAL.

Je la sais déjà, votre nouvelle. Madame de Blossac sera des nôtres.

LA COMTESSE.

C'est mieux que cela. Une de vos plus chères amies, une belle étrangère vient d'arriver à Paris.

LE MARÉCHAL.

Espagnole, Russe, Italienne?

LA COMTESSE.

Anglaise.

LE MARÉCHAL.

La duchesse de Cléveland!

LA COMTESSE.

Vous devinez tout.

LE MARÉCHAL.

Cette belle duchesse! je la verrai demain. Où est-elle descendue?

HECTOR

A l'hôtel Wagram, où je suis moi-même depuis un mois, comme un voyageur à peine revenu d'un pèlerinage de deux ans.

LE MARÉCHAL.

Madame de Blossac va être bien heureuse de revoir la duchesse. Elles ont voyagé ensemble, elles sont fort liées. Mais je ne la vois pas, madame de Blossac.

HECTOR, *frappé.*

Madame de Blossac! — J'ai vu souvent en Écosse une demoiselle de Blossac.

LE MARÉCHAL.

Celle-ci est madame de Blossac, la veuve d'un officier de marine tué dans l'Inde; vous avez dû le connaître.

HECTOR.

Oui... je l'ai retrouvé à Alexandrie. C'était un brave garçon, mais je ne savais pas qu'il fût marié.

LE MARÉCHAL.

Ni moi non plus.

DES TOURBIÈRES, *à part.*

Ni lui non plus, le pauvre défunt! Car ce n'est que depuis sa mort que sa veuve a eu l'idée de l'épouser. (*En ce moment, madame de Blossac paraît au fond.*)

LE MARÉCHAL.

Ah! la voilà.

DES TOURBIÈRES, *bas à Hector.*

Pas de surprise, monsieur... C'est la même... Attendez qu'elle vous reconnaisse.

HECTOR.

C'est bien elle!

LA COMTESSE.

Vous la connaissez.

HECTOR.

Oui... (*Amèrement avec dédain.*) Son petit nom est Virginie.

LA COMTESSE.

Mais son vrai nom est lady Tartuffe, et elle veut porter celui de la maréchale d'Estigny.

HECTOR, *inquiet.*

Ah!... Et qu'est-ce que ce M. Des Tourbières qui vient de me parler d'elle?

LA COMTESSE.

Un homme d'esprit qui fait la bête.

HECTOR.

A quoi voyez-vous donc qu'il a de l'esprit?

LA COMTESSE.

Regardez-le sourire.

SCÈNE X.

JEANNE, HECTOR, DES TOURBIÈRES, LA COMTESSE,
LE MARÉCHAL, MADAME DE BLOSSAC.

MADAME DE BLOSSAC, *descend en scène et aperçoit Hector.*

Hector !

LE MARÉCHAL, *qui s'aperçoit de l'altération des traits
de madame de Blossac.*

Mais vous paraissez souffrante... qu'avez-vous?

MADAME DE BLOSSAC, *émotion vraie.*

Moi!... rien.

LE MARÉCHAL.

Vous avez les mains glacées.

MADAME DE BLOSSAC.

Je n'ai rien, vous dis-je.

LE MARÉCHAL, *à part.*

Des Tourbières aurait-il dit vrai?

MADAME DE BLOSSAC.

Vous aurez beaucoup de monde ce soir?

LE MARÉCHAL.

Ce soir, oui... mais pour dîner nous n'attendons plus que
M. de Renneville. Je vais vous présenter son fils.

MADAME DE BLOSSAC.

Non, tout à l'heure. (*Lui montrant Hector et Jeanne assis
à côté l'un de l'autre.*) Ne les troublez pas.

LE MARÉCHAL.

Vous avez raison ; ils sont charmants !

MADAME DE BLOSSAC.

Ils font plaisir à regarder... Est-ce qu'ils s'aiment déjà?

LE MARÉCHAL.

Oui, certes. Jeanne est si jolie!... Hector en est fou.

MADAME DE BLOSSAC, *à part, regardant autour d'elle.*

M. de Renneville se fait attendre.

JEANNE, *à Hector, de l'autre côté de la scène.*

Elle vaut mieux que vous.

HECTOR.

Faisons la paix, donnez-moi la main. (*Jeanne tend sa main et puis la retire.*) Coquette!

JEANNE.

Ah! être coquette, c'est offrir sa main et puis ne pas la donner?

HECTOR.

Précisément.

JEANNE.

Oh! bien, moi, je ne veux pas être coquette. (*Elle lui tend la main.*)

DES TOURBIÈRES, *au milieu de la scène, à la comtesse.*

Tableaux touchants! On dirait deux dessus de porte représentant l'Amour et l'Amitié.

LA COMTESSE.

Ah! monsieur Des Tourbières, vous savez bien que la parodie qui se joue là n'est pas celle de l'amitié.

DES TOURBIÈRES.

Alors je dirai l'amour léger et l'amour grave.

LA COMTESSE.

Dites l'amour vrai et l'amour faux.

MADAME DE BLOSSAD, *au maréchal.*

Vous me flattez... je ne vous crois pas.

JEANNE, *à Hector.*

Vous riez toujours... je ne vous crois pas.

LE MARÉCHAL, *à madame de Blossac.*

Renneville ne peut tarder, il faut pourtant que je vous fasse connaître mon gendre. — Hector (*Il le prend par la main et le présente.*) je veux vous présenter à notre aimable voisine, madame de Blossac. (*Hector s'incline et garde le silence.*)

MADAME DE BLOSSAC.

Monsieur de Renneville ne veut pas me reconnaître; depuis deux ans, je suis si changée!

HECTOR.

Madame... j'attendais vos ordres.

LE MARÉCHAL, *à Jeanne.*

Eh bien! mademoiselle, vous ne faites pas mieux valoir ma générosité, vous n'avez pas mis mon collier?

JEANNE.

Maman m'a dit que je le mettrais le jour du contrat; c'est l'usage.

LE MARÉCHAL.

Mademoiselle connaît si bien les usages! Va le chercher et mets-le ce soir... quoique ce ne soit pas l'usage.

JEANNE.

Si maman le permet?

LA COMTESSE.

Va, ma fille. (*Jeanne sort.*)

SCÈNE XI.

DES TOURBIÈRES, HECTOR, LA COMTESSE, LE MARÉCHAL, MADAME DE BLOSSAC.

DES TOURBIÈRES.

Voilà une fille bien élevée, qui fera une femme bien soumise.

MADAME DE BLOSSAC, *à part.*

C'est leur idole! Mais le marquis de Renneville... Qui vient là?

UN DOMESTIQUE, *entrant et remettant une lettre au maréchal.*

De la part de M. le marquis de Renneville.

HECTOR.

De mon père?

MADAME DE BLOSSAC, *à part.*

Enfin!

LE MARÉCHAL.

Une lettre... il ne vient pas?

LA COMTESSE.

Est-il malade?

LE MARÉCHAL.

Vous permettez?

HECTOR, *à la comtesse.*

Rassurez-vous, je le quitte à l'instant.

LE MARÉCHAL.

Oui, c'est lui qui m'écrit. (*Lisant.*) « Mon cher maréchal, ne
« m'attendez pas ce soir... C'est avec le plus vif regret.... » Ma
nièce !

LA COMTESSE.

Qu'y a-t-il donc ?

LE MARÉCHAL, *troublé.*

M. de Renneville ne peut venir.

HECTOR.

Que lui est-il arrivé ?

LE MARÉCHAL.

Rien... rien.

LA COMTESSE.

Mais alors... quelle raison ?

LE MARÉCHAL.

Je ne puis... je ne dois pas... plus tard je vous dirai...

LA COMTESSE.

Quoi donc ?

LE MARÉCHAL.

Un obstacle... passager... qui ne saurait être sérieux.

LA COMTESSE.

Un obstacle ?...

LE MARÉCHAL, *à Hector.*

Un malentendu...

HECTOR.

Un malentendu ?

LE MARÉCHAL.

Qui s'expliquera, j'en suis sûr; mais qui peut retarder le
mariage.

LA COMTESSE.

Retarder le mariage !

HECTOR.

Monsieur le maréchal !

LA COMTESSE.

Donnez-moi cette lettre, mon oncle.

LE MARÉCHAL.

Non , il faut d'abord que je m'informe...

LA COMTESSE.

Cette lettre, mon oncle... je la veux.

LE MARÉCHAL.

Lisez donc... mais du calme, de la raison, je vous en prie.

LA COMTESSE.

Vous m'effrayez!... (*Elle prend la lettre des mains du maréchal.*)

MADAME DE BLOSSAC, *à part.*

Voyons... comment va-t-elle parer ce coup-là.

DES TOURBIÈRES, *à part.*

Pauvre mère !

LA COMTESSE, *lit la lettre des yeux; un grand temps se passe, tous les regards sont fixés sur elle. Après avoir lu, impassible, elle rend la lettre au maréchal.*

C'est absurde !

LE MARÉCHAL.

Absurde.

HECTOR.

Qu'est-ce donc?... Une calomnie?

LA COMTESSE.

Pas même!... une stupidité... dont votre père sera le premier à faire justice.

LE MARÉCHAL.

Je n'y comprends rien.

HECTOR, *à part, regardant madame de Blossac.*

Je comprends, moi... et je veille.

LE MARÉCHAL.

Que dois-je répondre enfin, madame?

LA COMTESSE.

Je me charge de la réponse.

LE MARÉCHAL.

Mais voici Jeanne... on peut lui demander...

LA COMTESSE, *fièrement.*

A Jeanne! Moi, sa mère, je défends qu'on l'interroge.

HECTOR.

Monsieur le maréchal, Jeanne sera ma femme, et sa candeur m'appartient.

MADAME DE BLOSSAC, *tombant assise sur le canapé.*

Il l'aime !

LA COMTESSE.

Hector !

DES TOURBIÈRES, *à part.*

C'est affreux! je vais parler. (*Haut.*) Monsieur le maréchal... (*Madame de Blossac se relève et lance un regard me-
naçant à Des Tourbières qui s'arrête.*)

LE MARÉCHAL, *à Des Tourbières.*

Eh! bien...

LA COMTESSE.

Souriez donc, messieurs, voilà ma fille.

SCÈNE XII.

LES PRÉCÉDENTS, JEANNE, *venant entre la comtesse
et le maréchal.*

JEANNE.

Me voilà! (*Moment de stupeur.*) Eh bien, regardez-moi donc,
j'ai mon beau collier, je suis superbe.

HECTOR.

Quelles perles magnifiques!

LA COMTESSE.

Vous la gâtez, mon oncle.

JEANNE.

Et vous, donc?

UN DOMESTIQUE.

Monsieur le maréchal est servi.

LE MARÉCHAL.

Allons, allons nous mettre à table. Oui... oui... vous avez
raison, tout s'expliquera. (*Offrant son bras à madame de
Blossac.*) Madame...

MADAME DE BLOSSAC, *bas.*

Malheureuse mère!

LE MARÉCHAL, *bas.*

Vous savez donc...?

MADAME DE BLOSSAC, *bas.*

Hélas! tout le monde le sait.

LE MARÉCHAL, *bas.*

Tout le monde? Quelle honte!

LA COMTESSE.

Monsieur Des Tourbières, donnez le bras à ma fille. (*Prenant le bras d'Hector.*) Monsieur de Renneville...

HECTOR, *à part, regardant madame de Blossac.*

Ma femme et mon ami, c'est trop! Je les vengerai.

FIN DU DEUXIÈME ACTE.

ACTE TROISIÈME

Même décoration qu'au premier acte.

SCÈNE PREMIÈRE.

MADAME DE BLOSSAC, MADAME BERTHOLLET.

MADAME BERTHOLLET, *entrant par le fond.*
Attendez, je m'en vais prendre les ordres de madame.
MADAME DE BLOSSAC.
Les ordres?...
MADAME BERTHOLLET.
M. de Renneville fait demander à quelle heure madame voudra
bien lui faire l'honneur de le recevoir.
MADAME DE BLOSSAC.
Le marquis de Renneville?
MADAME BERTHOLLET.
Non, madame, pas le marquis, le jeune comte; non pas le père,
c'est le fils.
MADAME DE BLOSSAC, *à elle-même.*
Hector !
MADAME BERTHOLLET.
Je ne sais pas s'il se nomme Hector.
MADAME DE BLOSSAC.
Répondez que je le recevrai à trois heures. J'attends le maré-
chal à midi. Veillez à ce qu'on ne laisse entrer que le maréchal...
et M. de Renneville. Il vient me parler d'affaires.
MADAME BERTHOLLET,
Oh ! sans doute, un si jeune homme !
MADAME DE BLOSSAC.
Vous entendez, le maréchal va venir à l'instant. Si par ha-
sard il était encore ici quand M. de Renneville arrivera, vous

prierez M. de Renneville de m'attendre, et vous m'avertirez de son arrivée.

MADAME BERTHOLLET.

Ce pauvre maréchal, il est désolé! mais on devait prévoir tout cela. Une mère si étourdie, si mondaine, cela ne sait pas garder, surveiller une jeune fille. La malheureuse enfant! ce n'est pas sa faute, elle suit l'exemple de sa mère... c'est bien naturel. On vient. (*A madame de Blossac.*) M. le maréchal!

MADAME DE BLOSSAC.

Le maréchal!... Cette entrevue va décider de ma vie. (*Le maréchal entre. — Madame Berthollet sort.*)

SCÈNE II.

MADAME DE BLOSSAC, LE MARÉCHAL.

MADAME DE BLOSSAC, *courant vers le maréchal.*

Ah! monsieur le maréchal, monsieur le maréchal, quel malheur!... J'ai le cœur navré en pensant à vous.

LE MARÉCHAL.

C'est un coup affreux pour moi. J'aimais cette enfant, j'avais mis tout mon orgueil en elle, tout mon avenir.

MADAME DE BLOSSAC.

Et plus d'avenir!

LE MARÉCHAL.

Jeanne! Qui aurait cru cela?... Est-ce que vous auriez jamais imaginé que cette petite était capable d'avoir des intrigues? Dites, lui trouvez-vous l'air, le maintien d'une... je n'ose dire le mot.

MADAME DE BLOSSAC.

Je suis si peu au courant des choses du grand monde que mon avis ne peut compter.

LE MARÉCHAL.

Ne lui trouvez-vous pas le regard franc, la physionomie pleine de candeur d'une fille honnête?

MADAME DE BLOSSAC.

Sans doute; mais une personne moins gaie et d'un aspect moins naïf me paraîtrait aussi fort honnête.

LE MARÉCHAL.

La pauvre enfant aura été entraînée. Mais que vais-je faire d'elle

après cet éclat? Je ne peux plus songer à la marier!... Si ce
M. Valleray était ici, on pourrait arranger cette affaire. Ce serait
une alliance pitoyable, mais on n'a pas le choix.

MADAME DE BLOSSAC.

Charles Valleray est à Smyrne ; on pourra lui écrire et presser
son retour.

LE MARÉCHAL.

Mais en attendant?

MADAME DE BLOSSAC.

N'êtes-vous pas le tuteur de mademoiselle de Clairmont, le
chef de la famille? Vous n'avez qu'un parti à prendre, c'est de
la mettre au couvent.

LE MARÉCHAL.

Mais ma nièce adore sa fille, et je dois dire qu'elle n'a pas
d'autre passion que celle-là. L'amour maternel l'a préservée de
de tout autre amour.

MADAME DE BLOSSAC.

Oh ! je la crois parfaitement vertueuse, et très-bonne mère ;
mais dans ce moment-ci, après ce grand scandale, elle n'a pas
l'autorité, la dignité qu'il faudrait pour forcer les méchants au
silence ; elle n'a pas cette sévérité dans le maintien, cette froideur dans le regard que...

LE MARÉCHAL.

Que vous possédez si bien, vous !... C'est vrai, ma nièce est
un peu évaporée.

MADAME DE BLOSSAC.

Persuadez-lui d'aller en Allemagne, chez sa sœur, et de mettre
Jeanne dans un couvent.

LE MARÉCHAL.

Elle ne voudra jamais ! Et puis, quel couvent voudrait recevoir
une jeune personne dont...

MADAME DE BLOSSAC.

Aucun, sans doute, monsieur le maréchal ; mais on ne la met-
trait pas avec les pensionnaires. Pour cela je m'en chargerais.

LE MARÉCHAL.

Vous me rendriez un grand service. Je n'oserai jamais parler
de cela à ma nièce.

MADAME DE BLOSSAC.

Bientôt vous le pourrez ; elle ne sera peut-être point fâchée

elle-même que nous l'aidions à sortir d'embarras... Mais comme
vous êtes pâle ! Comme vos traits sont altérés par le chagrin !
(*Elle conduit le maréchal au canapé à droite*). Les vilaines
gens ! Ils vont vous rendre malade !

LE MARÉCHAL.

Malade ? au contraire, il m'ont guéri ; cette émotion violente
m'a enlevé la goutte comme par enchantement ; elle reviendra plus
terrible, mais pour l'instant je n'y songe pas.

MADAME DE BLOSSAC.

Le remède est héroïque : le déshonneur de toute une famille !
C'est bien la peine vraiment de s'être fait un si beau nom dans
l'histoire de son pays, d'avoir acquis si jeune tant de gloire, d'être
arrivé au premier grade, au premier rang, d'être maréchal de
France, ambassadeur, pour voir toute cette grandeur s'écrouler
en un jour, par l'étourderie d'une petite fille !... Oh ! cela me
révolte, je ne puis m'en consoler ! Je donnerais ma vie, pour
racheter un tel malheur.

LE MARÉCHAL.

Chère madame de Blossac !

MADAME DE BLOSSAC.

C'est ridicule à moi de m'enflammer ainsi pour votre cause, je
le sais ; je n'ai pas le droit d'être tant affligée de vos chagrins, mais
je suis si troublée, je devine si bien tout ce que vous devez souffrir, que je ne suis plus maîtresse de contenir mon indignation ;
c'est plus fort que moi.

LE MARÉCHAL.

Vous partagez ma peine, le poids m'en parait moins lourd.

MADAME DE BLOSSAC, *avec une émotion faussement
comprimée*.

Vrai ?... Je voudrais bien le croire (*Elle s'assied à côté du
maréchal. Le maréchal la regarde ; elle joue l'embarras.*) Ne
parlons plus d'eux, parlons de vous, de vos projets. Ces gens-là
vous feront mourir, vous ne pouvez plus vivre en paix avec eux.

LE MARÉCHAL.

N'est-ce pas ? Cependant, si je les abandonne, je confirme les
soupçons.

MADAME DE BLOSSAC.

Les soupçons ? Hélas ! il n'y en a déjà plus. Ce sont bien d'af-
freuses certitudes. On racontait que le jardinier avait surpris la

petite avec ce M. Valleray; on a pensé que par lui on saurait la
vérité, et on est allé l'interroger à Auteuil, où il s'est établi depuis qu'il a quitté madame de Clairmont. Il a fondé une pépi-
nière, un bel établissement, et, notez cela, c'est madame de Clairmont elle-même qui a fait les frais de cet établissement. Eh bien,
ce jardinier, si généreusement patroné, n'a pas su trouver un mot
pour justifier la fille de sa bienfaitrice; il s'est troublé; il a bal-
butié, il a répondu qu'il viendrait s'expliquer sur cette aventure...
mais seulement avec madame de Clairmont.

LE MARÉCHAL.

Tout cela m'étonne bien. Jeanne!... si jamais j'ai cru à l'innocence d'une femme, c'est à celle de cette fille-là!... Je découvri-
rais que vous êtes une misérable, une intrigante, une femme
galante, qu'en vérité je ne serais pas plus stupéfait. Jouer la candeur à ce point, c'est infâme! (*Il se lève et passe à gauche.*)

MADAME DE BLOSSAC.

Ne vous emportez pas. Croyez-moi, oubliez vite toute cette famille, qui n'a pas le droit d'être la vôtre... (*Elle se lève.*) Après
tout, ce n'est pas votre nom qu'ils déshonorent! Ils ne pourront
le flétrir, ce nom-là!...

LE MARÉCHAL.

La comtesse est fille de ma sœur, Jeanne est ma nièce; si ce
n'est pas mon nom, c'est mon sang. Je ne peux pas les renvoyer
toutes deux de ma maison sans les perdre. Ah! je ne sais que
faire, je suis bien malheureux!

MADAME DE BLOSSAC.

A votre place, je ne serais pas embarrassé, moi, et je m'ar-
rangerais pour être très-heureux.

LE MARÉCHAL.

Conseillez-moi donc, ma chère voisine, vous qui êtes la sagesse
même... Je vous promets de suivre votre conseil.

MADAME DE BLOSSAC.

Mais... moi, je ne veux peut-être pas que vous le suiviez.

LE MARÉCHAL.

Il est donc mauvais?

MADAME DE BLOSSAC, *avec une tristesse qui veut se vaincre.*

Oui, il est mauvais... pour moi, mais il est bon pour vous, et
je vous aime tant que je préfère vous voir consolé par mon cha-

grin à vous voir triste, découragé, malheureux , avec moi seule pour consolation.

LE MARÉCHAL.

Mais qu'est-ce donc?

MADAME DE BLOSSAC.

A votre place, et dans l'isolement où vous allez tomber, je prendrais un grand parti... j'irais dans le monde ; là, je rencontrerais une belle et noble jeune fille, bien élevée, riche et... je la demanderais en mariage.

LE MARÉCHAL, *piqué.*

Ah! vous voulez me marier?... (*A part.*) Des Tourbières se trompait. (*Il s'assied à gauche.*)

MADAME DE BLOSSAC, *l'observant.*

Oui, il n'y a qu'un bon mariage qui puisse vous faire oublier cette honteuse histoire et recomposer votre avenir. Les enfants de votre sœur vous déshonorent et vous font rougir, eh bien ! il faut que vous ayez des enfants à vous, dont vous soyez fier et qui vous ressemblent... Je vous fâche, mais pardonnez-moi, je dis brutalement les choses, je ne sais pas farder mes sentiments, je suis comme ça... Songez-y donc ; quelle différence pour vous, si demain vous étiez marié, si vous aviez épousé... mademoiselle de Matignon, par exemple ! Elle est charmante.

LE MARÉCHAL.

Mais vous n'y pensez pas ; mademoiselle de Matignon, qui est belle comme un ange !

MADAME DE BLOSSAC.

Eh! le grand mal!... Je trouve que rien n'est trop beau pour vous.

LE MARÉCHAL.

Elle a dix-huit ans, elle est presque aussi jeune que ma petite-nièce. Une fille de dix-huit ans à moi, un vieillard !

MADAME DE BLOSSAC, *vivement.*

Un vieillard! vous? Ah! monsieur le maréchal, je connais plus d'un jeune homme qui... (*S'interrompant avec une coquetterie charmante.*) J'allais vous flatter.

LE MARÉCHAL.

Sans doute, je n'ai pas mon âge, mais mademoiselle de Matignon... est beaucoup trop jeune pour moi. Je veux que ma femme puisse m'aimer.

MADAME DE BLOSSAC.

Elle vous aimerait... Je voudrais bien voir qu'elle ne vous aimât
pas!... Mais vous ne vous souciez pas de vous marier et vous
cherchez des raisons. Voilà la vérité. N'y songeons plus... (*Elle
prend une chaise et s'assied à côté du maréchal.*) Cependant
ce n'est que dans une affection sérieuse, dans des soins empres-
sés de tous les jours, dans cet intérêt de la famille... de l'ambition
même, car pour vos enfants vous redeviendriez ambitieux, je vous
connais; c'est dans cette existence nouvelle et pleine d'avenir que
vous pourrez retrouver le bonheur... C'est dans votre intérêt que
je vous conseille et non pas dans le mien. Franchement, pour
moi, pour votre humble voisine, il vaut bien mieux que vous res-
tiez libre. Quand vous êtes seul, elle peut aller à vous; quand
vous souffrez, elle peut vous soigner tendrement; si vous étiez
avec une belle jeune femme, elle n'oserait plus vous importuner;
elle aurait toujours le même désir de vous donner tous ses soins,
mais elle n'en aurait plus le droit... vous ne seriez plus seul. C'est
triste à dire, mais mon intérêt à moi, c'est que vous soyez très-
abandonné et très-malheureux, parce qu'alors vous m'appartenez;
vous avez besoin de moi, vous vous dites quelquefois : « Où est-
elle ? » N'est-ce pas?... Vous voyez donc bien, monsieur le maréchal, que vous avez grand tort de m'en vouloir, lorsque par amour
pour vous j'ai le courage de vous conseiller une chose qui me
ferait tant de peine... Allez, vous devriez me savoir gré de cet
effort que je m'impose, il est cruel; pour se sacrifier comme je le
fais... il faut bien vous aimer!

LE MARÉCHAL, *très-attendri.*

Mais on pourrait m'aimer sans se sacrifier.

MADAME DE BLOSSAC.

Je ne demande pas mieux. Mais que deviendrez-vous dans cette
solitude, si vous ne prenez un parti?... (*Souriant.*) Moi, je ne
peux pourtant pas toujours être là!

LE MARÉCHAL, *lui prenant la main.*

Pourquoi pas?

MADAME DE BLOSSAC, *se levant, et retirant sa main.*

Monsieur le maréchal!

LE MARÉCHAL, *se levant aussi.*

Qu'imaginez-vous donc que je veuille dire?... Je connais vos

principes, Virginie, et je ne veux rien vous proposer qui ne soit
digne de vous. Vous me comprenez mal....

MADAME DE BLOSSAC, souriant.

Je ne comprends pas du tout.

LE MARÉCHAL.

Ce n'est pas faute d'intelligence, c'est mauvaise volonté.

MADAME DE BLOSSAC, souriant et avec trouble.

Non. Expliquez-vous, je tâcherai de ne pas me fâcher.

LE MARÉCHAL, à part.

Elle ne devine rien ; elle n'en a pas la moindre idée, et cependant elle m'aime.

MADAME DE BLOSSAC.

Vous réfléchissez ; c'est donc bien difficile à exprimer ?

LE MARÉCHAL.

Assez... Mais avec un peu d'adresse...

MADAME DE BLOSSAC.

Un profond diplomate doit savoir faire tout adopter.

LE MARÉCHAL.

Eh bien! votre beau projet m'en a fait inventer un autre.

MADAME DE BLOSSAC.

Un autre?

LE MARÉCHAL.

Un autre qui... est... le même...

MADAME DE BLOSSAC.

Oh! ce n'est pas clair, cela ; un autre qui est le même. Je m'y
perds ; c'est par trop diplomatique.

LE MARÉCHAL.

C'est-à-dire le vôtre avec un changement. Vous m'avez si bien
vanté les douceurs du mariage, que vous m'avez persuadé ; je suis
ennuyé de mon isolement et je pense à me marier... Mais ce n'est
pas mademoiselle de Matignon que je veux épouser, c'est une
personne dont l'âge et les goûts sont plus en rapport avec les
miens, une personne que j'aime depuis longtemps et à qui je
crois un peu d'affection pour moi... Devinez vous?

MADAME DE BLOSSAC, très-émue et avec une dignité triste.

Non, monsieur le maréchal.

LE MARÉCHAL.

Je vous dirai à mon tour, c'est que vous ne voulez pas. Vous
cherchez un prétexte.

MADAME DE BLOSSAC, *très-troublée*.

Ce que je devine est une folie.

LE MARÉCHAL.

Une folie de vous aimer! De vouloir pour sa femme la plus noble, la plus charitable créature de Dieu, un ange de bonté, ma consolatrice, mon amie dévouée!

MADAME DE BLOSSAC.

Oh! bien dévouée! Vous avez raison de le penser. Mais ce serait démentir ce dévouement que d'en abuser pour vous entraîner à une folie, vous dis-je, que le monde ne vous pardonnerait pas.

LE MARÉCHAL.

Mais...

MADAME DE BLOSSAC, *riant*.

Moi, je ne l'approuverais pas... Non, ce serait un mariage détestable; moi, je ne vous donnerais pas mon consentement... Songez donc que je n'ai rien, que je ne suis rien... Ah! ma raison se trouble... lui, m'épouser!... Ah! j'en ris... lui... un maréchal de France! C'est une idée absurde... une idée extravagante... Mais, c'est égal, je suis bien heureuse qu'il ait eu cette idée-là. Ah! (*Émotion violente qu'elle feint de modérer.*)

LE MARÉCHAL.

Et pourquoi est-ce impossible?... Sans doute... si vous ne m'aimez pas...

MADAME DE BLOSSAC, *avec un regard pudique et tendre*.

Ah! ce n'est pas là l'obstacle!

LE MARÉCHAL, *enchanté*.

Alors, qui vous inquiète?

MADAME DE BLOSSAC.

C'est impossible, vous dis-je, parce que je ne vous conviens pas. Moi, je hais le monde; toutes ses vanités me fatiguent, ses plaisirs m'ennuient... Si vous me disiez : « Nous irons vivre tout « seuls à la campagne avec notre amour. » Je répondrais : « Par- « tons tout de suite, je suis à vous pour la vie. »

LE MARÉCHAL, *vivement*.

Eh bien! partons! Cette existence solitaire est celle que je rêve. Nous irons où vous voudrez. J'ai là-bas un vieux château qui sera de votre goût, j'en suis sûr. Nous nous marierons là... en cachette... Nous y vivrons l'un pour l'autre, loin de tous les yeux, dites. Ce n'est plus le grand monde, cela, le bruit qui vous

4

effraie ; c'est la retraite dans un lieu charmant avec un malheureux qui vous aime et qui oubliera tous ses chagrins près de vous.

MADAME DE BLOSSAC.

Cette pensée est bien séduisante... vous consoler !... Je n'ai
pas le courage d'être raisonnable plus longtemps. Ah ! je suis confuse... Je n'aime pas à me sentir indélicate et intéressée, et, je
ne peux pas me faire illusion, je fais là une très-bonne affaire.
Et moi, dont le seul désir était de me sacrifier !...

LE MARÉCHAL.

Cela vous contrarie ?

MADAME DE BLOSSAC.

Beaucoup.

LE MARÉCHAL.

Ah ! qu'elle est charmante !

MADAME DE BLOSSAC.

Mais avant de vous engager, il faut pourtant que je vous dise...
mon secret.

LE MARÉCHAL, *inquiet.*

Vous avez un secret ?

MADAME DE BLOSSAC.

Oui, je vous ai trompé... je ne suis pas ce que je parais être,
comme dans les mélodrames... Je ne suis pas madame de Blossac.

LE MARÉCHAL.

Ah ! et qui êtes-vous donc ?

MADAME DE BLOSSAC.

Oh ! rassurez-vous, je ne suis pas une aventurière. Si je ne suis
pas madame de Blossac, je suis mademoiselle de Blossac. Je me
faisais appeler madame, parce que c'était plus convenable à mon
âge et vivant toute seule comme je vis ; parce qu'à trente ans, il
est ridicule de faire l'ingénue... Mais je n'ai jamais été mariée...
il n'y a jamais eu de M. de Blossac.

LE MARÉCHAL, *finement.*

Jamais ?

MADAME DE BLOSSAC, *loyalement, puis en souriant.*

Jamais... Ah ! si, il y en a eu un.

LE MARÉCHAL.

Ah !

MADAME DE BLOSSAC.

Un qui était mon père.

LE MARÉCHAL.

Méchante! vous m'avez fait peur.

MADAME DE BLOSSAC.

Mais l'heure passe! Et si je conduis votre nièce au couvent...

LE MARÉCHAL.

Je vais la chercher... convenons vite de nos projets... Nous partirons demain soir... moi, j'annoncerai mon départ; vous ne ferez aucun préparatif, vous direz que vous allez à la campagne, que vous reviendrez le lendemain... J'irai vous attendre à Vernon, et je vous conduirai... oui, ce sera mieux... chez une de mes amies, une personne à qui j'ai rendu des services. Vous resterez chez elle jusqu'au jour de notre mariage; c'est là que j'irai vous faire ma cour, pas longtemps, je l'espère.

MADAME DE BLOSSAC, *troublée*.

Il me semble que je rêve! Ce bonheur inespéré... après tant d'années de solitude et d'ennui, tout à coup cette joie! oh! c'est trop pour moi! Pardonnez cette émotion, je n'en suis plus maîtresse... Oh! comme je vais vous aimer! (*Elle pleure.*)

LE MARÉCHAL.

Virginie!... quel beau jour!... Et moi qui suis venu ici le cœur désolé! quelle puissance avez-vous donc?

MADAME DE BLOSSAC.

Partez vite, j'entends marcher, et si l'on vous voyait on devinerait la cause de mon trouble. (*Très-tendrement.*) Partez donc. (*Le maréchal sort et oublie sa canne.*) Monsieur le maréchal, eh bien! et votre canne que vous oubliez.

LE MARÉCHAL, *souriant*.

Vous m'avez tellement rajeuni que j'oublie ma béquille.

MADAME DE BLOSSAC.

Et vos gants!... Mais vous êtes un étourdi.

LE MARÉCHAL.

Je suis un homme heureux... (*Il lui prend la main et veut lui donner un baiser sur le front; madame de Blossac le repousse, il lui baise la main.*) Ah! que j'ai hâte de revenir! (*Il sort. Madame de Blossac le reconduit tendrement. Elle regarde s'il est bien parti, puis revient sur le devant de la scène.*)

SCÈNE III.

MADAME DE BLOSSAC, *seule, d'un air de triomphe...*
(Explosion d'orgueil.)

Madame la maréchale!... enfin!... Je vais enfin respirer l'air des hauteurs, l'air qui convient à mon orgueil! Je ne suis point faite pour végéter dans les bas-fonds de la société, dans les combinaisons mesquines des existences chétives et bourgeoises! Oh! dans cette atmosphère de misère et d'humilité j'étouffais!... voilà mon rêve réalisé! Mes ennemis, vous allez me connaître! Ah! je suis une aventurière, une intrigante, une inconnue venue on ne sait d'où... qu'on a surnommée lady Tartuffe, parce qu'elle faisait la grande dame et qu'elle n'était qu'une hypocrite!... Lady Tartuffe! une lady pour rire!... Eh bien! je suis une véritable lady maintenant, une grande dame qu'il vous faudra bien complimenter et flatter malgré vous, madame de Clairmont, ma nièce!... Elle sera ma nièce!... Mais la joie du triomphe me trouble, m'égare... Hector va venir. Hector!... le voir, le voir chez moi! aujourd'hui! aujourd'hui!... ah! quelle fatalité... C'est lui? non, Des Tourbières.

SCÈNE IV.

MADAME DE BLOSSAC, DES TOURBIÈRES.

DES TOURBIÈRES.

C'est encore moi.

MADAME DE BLOSSAC, *à part.*

Quel contre-temps! comment l'éloigner?

DES TOURBIÈRES, *à part.*

Je la gêne... je saurai pourquoi. (*Haut.*) Madame Berthollet voulait m'empêcher d'entrer; mais j'ai insisté, car j'ai à vous rendre compte de mon entretien avec le maréchal. Je ne vous le cache pas, je n'ai pas été content de lui : il ne songe pas à vous épouser.

MADAME DE BLOSSAC.

Vous en êtes sûr?

DES TOURBIÈRES.

Mais il sort d'ici ; y a-t-il quelque chose de nouveau?

MADAME DE BLOSSAC, *d'un air très-naturel.*

Rien, que je sache.

DES TOURBIÈRES.

Mais vous l'avez reçu? Comment est-il, ce matin?

MADAME DE BLOSSAC.

Il est fort triste, comme vous pensez.

DES TOURBIÈRES.

Raison de plus pour lui prodiguer vos consolations.

MADAME DE BLOSSAC.

C'est trop tôt.

DES TOURBIÈRES, *à part..*

Elle ment. (*Haut.*) Je viens aussi pour vous donner un conseil : il faut à tout prix éloigner Jeanne, elle vous perdra. Cette
petite est d'une innocence... écrasante, qui confond tous les
propos.

MADAME DE BLOSSAC.

Je ne la crains pas, elle est coupable.

DES TOURBIÈRES.

Jeanne coupable! elle! on voit bien que vous ne vous y connaissez plus. Je répondrais de son innocence.

MADAME DE BLOSSAC.

D'où vous vient cet accès de chevalerie, vous qui ne croyez pas
à la vertu?

DES TOURBIÈRES.

Je ne crois pas à la vertu, mais je crois à l'innocence; c'est
très-différent; l'innocence, c'est l'ignorance. Oh! tant que les
femmes ne savent rien... oui... bien, c'est possible; mais une fois
qu'elles ont été informées!...

MADAME DE BLOSSAC, *à part.*

Il ne veut pas s'en aller.

DES TOURBIÈRES.

Eh bien, vous ne m'écoutez plus, vous me laissez là?

MADAME DE BLOSSAC.

Il faut que je sorte... adieu ! Vous reviendrez ce soir, j'aurai à
vous parler. (*Elle sort.*)

SCÈNE V.

DES TOURBIÈRES, *seul.*

Elle ne sort pas... elle attend quelqu'un. Voyons donc qui cela peut être... Ah! elle se défie de moi, et c'est elle qui rompt l'alliance? Tant mieux! cela me rend service. Au diable votre protection, mademoiselle de Blossac! Je la repousse, j'y renonce pour sauver cette petite Jeanne. Que le monde est stupide de ne pas deviner tout de suite que cette jeune fille est la pureté même! Eh bien, c'est moi qui la justifierai. Mais le puis-je? Cette maudite dette qui me retient encore, et dont, par honneur, il faut avant tout me dégager!... Quand on pense qu'il ne me faudrait que vingt mille mauvais francs pour redevenir un galant homme, et que je peux rester un misérable, le complice d'une vipère, faute de cette pauvre somme, moi, moi, baron Des Tourbières! Cela fait pitié! Qui vient là? (*Saluant Hector qui entre.*) Monsieur de Renneville...

SCÈNE VI.

DESTOURBIÈRES, HECTOR.

HECTOR.

Monsieur... (*Il va s'asseoir à droite.*)

DES TOURBIÈRES *à part.*

C'est lui qu'on attend? mes soupçons étaient justes... la calomnie est motivée. — Comme il est triste! Hélas! avec vingt mille francs je dissiperais sa tristesse... Une idée! Si je les lui demandais. (*Haut.*) Monsieur de Renneville!

HECTOR.

Monsieur Des Tourbières!...

DES TOURBIÈRES.

Chut!... Je suis parti, on m'a donné mon congé. Parlons bas et vite... Combien donneriez-vous pour voir mademoiselle de Clairmont justifiée, là, bien justifiée?

HECTOR, *se levant.*

Tout ce que je possède.

DES TOURBIÈRES.

C'est une manière de parler. Je n'aime pas les manières de parler.

HECTOR.

Vous ne la croyez donc pas coupable?

DES TOURBIÈRES.

Pas si bête!

HECTOR.

Mon cher Des Tourbières! (*Il lui prend la main.*)

DES TOURBIÈRES.

Combien donneriez-vous pour faire d'un vaurien un honnête homme, d'un méchant un bon, un bien bon..., d'un adversaire dangereux un allié sauveur?

HECTOR.

Je donnerais tout ce que le vaurien me demanderait.

DES TOURBIÈRES.

Alors prêtez-moi vingt mille francs qui me sont absolument nécessaires... je vous dirai pourquoi... et Jeanne est sauvée!

HECTOR.

La vérité pour vingt mille francs, c'est pour rien. Ah! mon ami!... vous la savez donc?

DES TOURBIÈRES.

Pas encore; mais je vous aiderai à la découvrir. Il y a là dedans du vrai et du faux. Moi, je vais tâcher de savoir le faux; vous, tâchez de savoir le vrai.

HECTOR.

Elle sait tout.

DES TOURBIÈRES.

Oui, mais elle ne dira rien. Voyez Léonard.

HECTOR.

Je suis décidé à employer tous les moyens pour la faire parler.

DES TOURBIÈRES.

Elle vous permettra d'employer tous les moyens, mais elle ne parlera pas. Vous n'apprendrez rien par elle; fiez-vous à moi... Je vais courir toute la nuit, je vais à Blois. Ce soir, chez vous, à cinq heures.

HECTOR.

Hôtel Wagram. Vous aurez vos vingt mille francs.

DES TOURBIÈRES.

Et je redeviendrai galant homme! Aujourd'hui, à cinq heures trente-trois minutes du soir, éclipse du mauvais sujet... éclipse totale!... O vertu! tu vaux de l'or! — La voici!... je me sauve.

SCÈNE VII.

HECTOR, *seul.*

Tàchons de mentir comme elle, courage!

SCÈNE VIII.

HECTOR, MADAME DE BLOSSAC.

HECTOR, *s'approchant d'elle.*
Veuillez m'excuser, madame, si je viens vous importuner...
MADAME DE BLOSSAC, *s'appuyant sur le dos d'un fauteuil.*
Je vous attendais... monsieur de Renneville. (*A part.*) Je me croyais plus forte...
HECTOR, *à part.*
Comme elle est troublée!
MADAME DE BLOSSAC, *à part.*
Cet amour me perdra. (*Elle s'assied*).
HECTOR.
Peut-être avez-vous été surprise de ma demande.
MADAME DE BLOSSAC.
Non. Votre démarche n'a rien qui m'étonne...Vous avez vu votre père, il vous a dit que le récit de cette triste aventure avait été fait par moi... chez moi, et vous venez savoir pourquoi je l'ai racontée... monsieur de Renneville, je vais vous l'apprendre. (*Avec une émotion fiévreuse.*) J'ai dénoncé mademoiselle de Clairmont, parce que je ne veux pas que vous l'épousiez, et je ne veux pas que vous l'épousiez parce que je vous aime, et que l'idée de ce mariage me fait mourir. Oui, voilà quatre ans que je vous aime; c'est ma folie, et il faut que cette folie soit bien grande pour m'entraîner à démentir ainsi en un jour tous les efforts de ma vie : voilà quatre ans que je souffre, et je ne veux pas qu'une petite fille qui ne vous connaît pas, qui ne vous aime que par

obéissance, m'enlève en riant cet amour qu'elle n'a pas su acheter comme moi par ses larmes, et vienne sans droits me ravir mes droits, car les souffrances sont les droits suprêmes, et souffrir ce que j'ai souffert, c'est mériter!

HECTOR , *avec joie.*

Eh! quoi, madame... ces quelques mois passés ensemble à Redcastle!...

MADAME DE BLOSSAC.

Oh! vous ne pouviez me deviner.

HECTOR.

Comment pouvais-je espérer... un tel... bonheur? car vraiment je ne sais pourquoi vous m'apprenez cela d'un air si terrible; vous dites : Je vous aime, comme on dirait : Je vous déteste; comme si j'allais me fâcher. Non, non, je ne vous en veux pas de m'aimer, je vous pardonne d'avoir souffert si longtemps pour votre humble esclave, et, je vous le déclare, cette fatale nouvelle que vous me donnez pour m'épouvanter me rend très-heureux.

MADAME DE BLOSSAC, *avec ironie, se levant.*

Oh! je le crois, mais non pas comme vous le déclarez... Elle m'aime, dites-vous, et pour empêcher mon mariage elle a calom-nié Jeanne; donc, Jeanne est innocente... et c'est cela qui vous rend très-heureux... Vous l'aimez donc bien?

HECTOR.

Moi!... je l'épouse... mon père a imaginé ce mariage. Made-moiselle de Clairmont est charmante, et je m'intéressais à elle comme à une personne aimable et distinguée. Rien de plus; mais maintenant que j'apprends que c'est par vous qu'elle est com-promise... à cause de moi, vous comprenez qu'elle doit m'inté-resser encore davantage, et que l'honneur me commande de faire tout ce qui dépendra de moi pour la justifier. Madame de Blossac, je compte sur vous pour m'aider dans cette tâche généreuse; vous avez fait le mal, réparez-le.

MADAME DE BLOSSAC.

Je le voudrais, mais comment faire?... L'histoire est malheu-reusement vraie...

HECTOR , *vivement.*

Vraie! c'est impossible.

MADAME DE BLOSSAC, *à part.*

Quelle pâleur! Il l'adore.

HECTOR, *se contraignant.*

Et comment la savez-vous, cette histoire-là?

MADAME DE BLOSSAC.

Voilà ce que je ne puis vous dire aujourd'hui. Cette histoire est le secret d'une autre femme, et je l'avais oublié; mais à cette nouvelle inattendue, jetée tout à coup dans la conversation : « Jeanne se marie, elle épouse M. de Renneville, » ah! je me suis tout rappelé; ce souvenir m'est revenu comme une inspiration; tous les détails de cette nuit romanesque complétement effacés se sont réveillés dans ma mémoire, et emportée par la fureur d'une jalousie folle, j'ai tout révélé.

HECTOR.

Si l'aventure est vraie, je ne saurais vous en vouloir, et je fais des vœux pour que Jeanne épouse ce M. Valleray. Est-il marié?

MADAME DE BLOSSAC.

Je n'en sais rien.

HECTOR.

Madame de Clairmont peut arranger cela. Il ne sera pas toujours à Smyrne.

MADAME DE BLOSSAC.

Est-ce qu'il est à Smyrne?

HECTOR, *vivement.*

Certes, sans cela!... (*Se calmant.*) On l'aurait fait s'expliquer. Son père était préfet à Blois, et madame de Clairmont habitait la maison de la mère de son mari.

MADAME DE BLOSSAC.

De la vieille marquise de Clairmont.

HECTOR.

Mais elle était morte, la vieille marquise, à cette époque.

MADAME DE BLOSSAC.

Depuis quelques mois.

HECTOR.

Vous la connaissiez?

MADAME DE BLOSSAC.

Non.

HECTOR.

Comment savez-vous si bien qu'elle était morte?

MADAME DE BLOSSAC, *riant, mais troublée.*

Oh! vous êtes étrange!

HECTOR.

Quelle rue habitait-elle à Blois?

MADAME DE BLOSSAC.

Je ne sais pas.

HECTOR.

Vous êtes allée à Blois?

MADAME DE BLOSSAC.

Non. (*A part.*) Il veut y aller. (*Haut.*) Avez-vous fini votre interrogatoire? Vous feriez un excellent juge d'instruction.

HECTOR.

C'est que je voudrais bien justifier cette petite, pour n'avoir plus ce remords sur le cœur, et puis, pour penser à autre chose,

MADAME DE BLOSSAC.

Eh bien, pour vous secourir, je verrai ce soir cette autre femme qui se trouve mêlée à cette affaire, et tout ce qu'elle me permettra de vous apprendre, je vous le redirai. Êtes-vous content?

HECTOR, *tendrement.*

Vous n'êtes pas si méchante que vous croyez, et le motif de cette cruauté est si flatteur... Quand voulez-vous me permettre de revenir pour chercher ces nouveaux renseignements?

MADAME DE BLOSSAC, *émue.*

Comme vous dites cela!

HECTOR, *avec coquetterie.*

C'est que je commence à croire que ce n'est plus qu'un prétexte. Voulez-vous que je revienne demain?

MADAME DE BLOSSAC, *passant à droite.*

Non... je ne veux pas que vous reveniez.

HECTOR.

Et pourquoi?

MADAME DE BLOSSAC.

Parce que, si je vous recevais deux fois, je serais perdue. Non, je veux qu'on ne voie ici que des hommes graves, que des vieillards.

HECTOR, *riant.*

Ah! c'est un régime. Il est sévère.

MADAME DE BLOSSAC.

Non, c'est un système, et il est bon. Je lui dois ma réputation.

HECTOR.

Le fait est qu'elle est très-bien établie. On a voulu hasarder quelques doutes, mais on a été repoussé avec indignation.

MADAME DE BLOSSAC, *avec agitation et amertume.*

Que voulez-vous? le monde est fait ainsi, il demande à être trompé. Si j'étais simplement honnête, il me calomnierait... je suis hypocrite, il le devine, et il me respecte lui-même avec hypocrisie; nous nous comprenons, lui et moi. Ah! je le connais... une vertu discrète, véritable, le rendrait jaloux; s'il admet celle que l'on étale à ses yeux, c'est que son instinct lui dit qu'elle est fausse et qu'elle n'a pas le droit de l'humilier. Sa vénération imméritée est encore une hypocrisie, car ce n'est pas la vertu qu'il aime, c'est la comédie de la vertu; ce n'est pas une admiration réelle qui convient à son envie, non, non, ce que veut le monde, c'est la comédie de l'admiration pour la comédie de la vertu.

HECTOR.

Quelle profondeur! vous m'épouvantez! Et, dites-moi, d'où vient que vous dédaignez de la jouer pour moi cette comédie que vous jouez si bien pour le monde?

MADAME DE BLOSSAC, *avec exaltation.*

Pourquoi?... parce que je ne peux pas la jouer pour vous. Je ne sais quel empire vous avez sur moi, mais près de vous j'éprouve le désir, le besoin de la sincérité; votre présence seule décompose tous mes plans de ruses. Est-ce votre loyauté qui commande à la mienne? est-ce ma bonne nature, faussée par le monde, que vous faites revivre? ou bien est-ce l'amour, l'amour qui me métamorphose? je l'ignore. Ce qu'il y a de certain c'est que je trouve un charme inexprimable à parler pour la première fois avec franchise; mon masque est tombé, et je sens avec délices l'air pur et frais sur mon visage. Ma voix, délivrée de sa contrainte, a des accents de naïveté qui me ravissent; mes regards se relèvent avec orgueil pour exprimer bravement ma pensée; je plane au-dessus du mensonge, je nage en pleine vérité. Ah! monsieur de Renneville, quel beau sentiment que l'amour!

HECTOR.

Vous m'aimez, et vous ne voulez pas me voir!

MADAME DE BLOSSAC, *feignant l'audace.*

Ici, non... mais ailleurs.

HECTOR, *souriant et s'inclinant.*

C'est mieux.

MADAME DE BLOSSAC.

Hector, pas de fatuité ! ne gâtez pas la seule émotion heureuse de ma vie. C'est avec l'homme que j'aime, que j'appelle, que je rêve depuis tant d'années, que je veux être sincèrement vertueuse ; je serai réellement pour lui ce que je feins d'être pour les autres. Avec vous, Hector, avec vous je serai noble, franche, honnête, digne... ce sera ma volupté.

HECTOR, *à part.*

Quelle étrange femme ! (*Haut.*) Eh bien ! quand me permettrez-vous de vous voir et...

MADAME DE BLOSSAC.

Je dois partir demain soir.

HECTOR.

Alors, demain... et...

MADAME DE BLOSSAC.

Demain, à deux heures, je dois aller chez la duchesse de Cléveland, à l'hôtel Wagram.

HECTOR.

J'y demeure aussi. Mon appartement est une dépendance du sien.

MADAME DE BLOSSAC.

Je me tromperai de porte... attendez-moi.

HECTOR.

Vous, chez moi ! Et si l'on vous reconnaît.

MADAME DE BLOSSAC.

Qui oserait me reconnaître ?

HECTOR.

Mais si on vous arrête, si un hasard malheureux prouve...

MADAME DE BLOSSAC.

Et si cela me plaît, à moi, de risquer en un moment ma réputation pour vous, si ce grand péril a pour moi de l'attrait, cet attrait de l'abîme qui séduit toutes les ambitions et tous les amours? Que penserez-vous de ma tendresse? Que puis-je faire pour vous? Quelle preuve de dévouement puis-je vous donner, puisque je ne veux pas être à vous? Que puis-je imaginer? Que puis-je offrir? Je ne possède rien que ma réputation. Eh bien... je la risque... Hélas! vous la protégerez mieux que moi ; car me compromettre, ce serait vous engager... et... vous ne m'aimez pas !

HECTOR.

Il est vrai, j'ai contre vous des préventions sérieuses... je ne vous aime pas... mais...

MADAME DE BLOSSAC, *avec confiance.*

Mais vous m'aimerez !...

HECTOR.

Vous le croyez ?...

MADAME DE BLOSSAC.

Je le sens. L'émotion que j'éprouve est trop violente pour n'être point sympathique. L'amour m'a bien changée, moi ; il vous changera. Il est plus fort que moi, il sera plus fort que vous...

HECTOR.

J'en prendrai mon parti.

MADAME DE BLOSSAC.

Mais on peut venir, adieu.

HECTOR.

A demain. Vous me donnerez, vous me l'avez promis, tous les renseignements que vous aurez recueillis.

MADAME DE BLOSSAC.

Oui... à demain.

HECTOR.

A demain. (*Il sort. Elle le regarde partir avec tendresse, et tombe anéantie dans un fauteuil.*)

SCÈNE IX.

MADAME DE BLOSSAC.

Que je l'aime !... Ah ! monsieur de Renneville, vous imaginez que c'est une chose toute simple que de recevoir chez vous madame de Blossac ! Vous ne comprenez pas que ce rendez-vous imprudent, fatal, où le noble rôle sera pour moi, deviendra le tourment de toute votre vie. Demain sera le premier jour de mon empire !... Chose étrange ! j'ai causé la mort d'un pauvre jeune homme qui m'aimait, par lâcheté, par la crainte de me compromettre... il me semble que je dois expier ce crime en me compromettant pour un homme que j'aime !... Oh ! que je l'aime !... (*Le maréchal paraît au fond.*) Le maréchal !

SCÈNE X.

JEANNE, LE MARÉCHAL, MADAME DE BLOSSAC.

LE MARÉCHAL.

Me voici, me voici... Attends, mon enfant... Je vous amène
Jeanne.

MADAME DE BLOSSAC.

Mais sa mère?...

LE MARÉCHAL.

Elle ne sait rien... mais elle peut courir après elle, il faut qu'elle
soit au couvent dans une heure; partons vite, sinon elle viendra
nous la reprendre.

MADAME DE BLOSSAC.

Je vous suis.

JEANNE, *avançant.*

Comment! vous n'êtes pas prête? Mon oncle qui me disait que
j'étais en retard.

MADAME DE BLOSSAC, *appelant.*

Madame Berthollet!...

JEANNE.

Je vais l'appeler et demander votre chapeau, votre mantelet.
Ma cousine va être bien contente de me voir, je lui apprendrai
mon mariage. (*Elle sort.*)

SCÈNE XI.

LE MARÉCHAL, MADAME DE BLOSSAC.

LE MARÉCHAL.

Son mariage!... J'ai donné mes ordres pour mon départ; demain, à quatre heures, je quitterai Paris. Et vous?

MADAME DE BLOSSAC, *distraite.*

Demain soir.

LE MARÉCHAL.

Hâtez-vous. Je crains que...

MADAME DE BLOSSAC.

Oui, vous avez raison, et je vais... (*Elle fait un pas pour sortir, la comtesse paraît à la porte. Le maréchal et madame de
Blossac s'arrêtent déconcertés.*)

SCÈNE XII.

MADAME DE BLOSSAC, LA COMTESSE, LE MARÉCHAL.

LA COMTESSE, *avec autorité.*

Ma fille! où est-elle, monsieur le maréchal? On m'a dit que Jeanne était auprès de vous, je ne la vois pas. Où est ma fille?

MADAME DE BLOSSAC.

Elle est ici, madame, rassurez-vous.

LA COMTESSE.

Sa place n'est pas ici; je ne veux pas, moi, qu'elle reste ici. — Mais je l'entends... C'est elle!... (*Elle va pour entrer dans la chambre où elle a vu Jeanne.*)

LE MARÉCHAL, *allant à la comtesse.*

Je vais la conduire au couvent.

LA COMTESSE.

Au couvent? ma fille au couvent?

MADAME DE BLOSSAC.

Monsieur le maréchal, tuteur de Jeanne, a pensé qu'après ce scandale il était prudent...

LA COMTESSE.

Le maréchal n'a rien pensé; c'est vous qui lui avez mis cette idée en tête!

LE MARÉCHAL.

Ma nièce!

MADAME DE BLOSSAC.

Et qui peut vous faire croire, madame, que cette idée vienne de moi?

LA COMTESSE.

C'est que cette idée est infernale et qu'elle déshonore ma fille! Cacher une jeune personne que l'on calomnie, c'est se rendre complice de ses calomniateurs, c'est la perdre!... Plus on la flétrit, plus il faut qu'elle prouve qu'elle n'a pas honte de se montrer. Demain... aujourd'hui j'ai trop pleuré... demain je mènerai Jeanne dans le monde... demain tous ces horribles mensonges tomberont à sa seule vue.

MADAME DE BLOSSAC.

Je comprends tout ce que le cœur d'une mère, d'une mère passionnée, doit souffrir; mais, prenez-y garde, madame, votre zèle imprudent va compromettre tout, et à jamais. M. Charles Valleray sera de retour en France dans quelques mois, et sans doute un mariage...

LA COMTESSE.

Charles Valleray! que parlez-vous de M. Charles Valleray? Je ne le connais pas.

MADAME DE BLOSSAC, *méchamment.*

MADEMOISELLE votre fille le connaît.

LA COMTESSE.

Vous mentez! ma fille n'a jamais vu cet homme.

LE MARÉCHAL, *indigné.*

Ma nièce, n'insultez pas une personne que j'aime et qui mérite tous vos respects.

MADAME DE BLOSSAC.

L'injustice de cette pauvre mère ne peut me blesser; ses injures sont les cris de sa douleur, je les lui pardonne.

LE MARÉCHAL.

Loin de l'insulter, vous devriez la remercier de sa protection pour votre fille.

LA COMTESSE.

Ma fille, protégée par sa plus cruelle ennemie!

LE MARÉCHAL.

Son ennemie?

LA COMTESSE.

Vous ne voyez donc rien? Cette femme vous rend aveugle.

LE MARÉCHAL.

Cette femme est celle que j'ai choisie, qui doit porter mon nom, je vous ordonne de la respecter devant moi.

LA COMTESSE.

Il va l'épouser! Ah! tout s'explique!... Elle calomnie ma fille pour le séparer de nous et profiter de son isolement et de sa douleur... C'est très-bien joué, mademoiselle!... (*Au maréchal.*) Car vous saurez...

LE MARÉCHAL.

Je sais que mademoiselle de Blossac est digne de moi, je n'aurai jamais à rougir d'elle. Je voudrais pouvoir en dire autant de toutes les femmes de ma maison.

LA COMTESSE.

Ah! vous m'accusez aussi, moi!... Il faut que je sois coupable, moi, pour que cette dame seule soit honnête. Mais je la démasquerai.

LE MARÉCHAL.

Occupez-vous de justifier votre fille, vous songerez ensuite à démasquer vos prétendues ennemies..... S'il me restait un doute, je serais moins sévère; mais Léonard...

LA COMTESSE, *vivement*.

Léonard, je l'attends; il va venir; je saurai de lui toute la vérité. Et malheur à celle qui a calomnié ma fille!

LE MARÉCHAL.

Des menaces! quand vous devriez courber la tête, mère imprudente!

MADAME DE BLOSSAC, *l'interrompant*.

Monsieur le maréchal, je vous en supplie; vous êtes chez moi.

LE MARÉCHAL.

N'êtes-vous pas déjà de la famille? Votre bonté même me la fait paraître plus indigne. (*A la comtesse.*) Voulez-vous que je conduise Jeanne au couvent?

LA COMTESSE.

Jamais! Je ne veux pas me séparer de ma fille.

LE MARÉCHAL.

Eh bien! emmenez-la, que je ne la voie plus. Je ne veux plus sentir dans ma maison ces parents ingrats que j'ai aimés, comblés de bontés, et qui me déshonorent et m'outragent.

LA COMTESSE.

Vous me chassez?

LE MARÉCHAL.

Adieu!

SCÈNE XIII.

JEANNE, LA COMTESSE, LE MARÉCHAL,
MADAME DE BLOSSAC.

JEANNE.

Voilà madame Berthollet. Ah! maman!

LA COMTESSE.

Viens, ma fille. Il faut rentrer.

JEANNE.

Et le couvent, mon oncle?

LA COMTESSE.

Nous n'irons pas aujourd'hui.

JEANNE.

Et ma cousine?... (*Avec chagrin.*) Qui est-ce qui lui apprendra mon mariage?

LA COMTESSE, *à Jeanne.*

Viens, ma fille. (*Elles sortent.*)

LE MARÉCHAL, *à madame de Blossac.*

Je n'ai plus que vous.

FIN DU TROISIÈME ACTE.

ACTE QUATRIÈME

Un élégant petit salon faisant partie de l'appartement de madame de Clairmont dans l'hôtel du maréchal. — Portes latérales ; fenêtre à droite, table des deux côtés ; canapé à gauche.

SCÈNE PREMIÈRE.

LA COMTESSE, *seule*, PUIS UN DOMESTIQUE.

LA COMTESSE. *Elle est à genoux, elle prie et s'interrompt de temps en temps pour essuyer ses larmes.*
Voilà quelqu'un! (*Elle se lève, essuie ses yeux et s'asseoit près de sa table à ouvrage. — Au domestique qui entre tenant des livres et des couronnes.*) Léonard est-il arrivé?

LE DOMESTIQUE.
Pas encore, madame ; il ne pourra être ici avant quatre heures.

LA COMTESSE.
Quelle attente! Le maréchal est-il seul?

LE DOMESTIQUE.
Non, madame.

LA COMTESSE, *à part*.
Il faut absolument que je le voie.

LE DOMESTIQUE.
L'enfant du maçon qui s'est tué, il y a deux ans, en tombant du toit, et que madame la comtesse a mis en pension, est ici ; il demande si madame veut bien le voir un moment.

LA COMTESSE.
Demain ; dites-lui qu'il revienne demain.

LE DOMESTIQUE.
Il apporte les trois prix qu'il vient d'obtenir chez les Frères ; il espère que madame la comtesse lui fera l'honneur de les accepter.

LA COMTESSE.
Pauvre enfant! avec plaisir. Mettez-les là... et dites-lui qu'il vienne demain me raconter ses succès.

LE DOMESTIQUE, *mettant les livres et les couronnes sur la table, à droite.*

Ceci est un prix de bonne conduite; il demande à madame la faveur de l'offrir à mademoiselle Jeanne...

LA COMTESSE.

C'est bien; j'accepte pour elle. Vous irez à sa pension chercher ce qui lui appartient; nous l'emmènerons à la campagne; il y passera les vacances avec nous.

LE DOMESTIQUE, *regardant par la fenêtre.*

Ah! les personnes qui étaient chez M. le maréchal montent en voiture; M. le maréchal est libre.

LA COMTESSE.

Je descends chez lui. (*Appelant.*) Jeanne! (*Le domestique sort.*)

SCÈNE II.

LA COMTESSE, JEANNE.

JEANNE, *entrant par la droite.*

Maman...

LA COMTESSE.

J'attends M. Des Tourbières; reste là. Il m'écrit qu'avant de partir il veut absolument me parler. Où va-t-il? Fais-moi prévenir dès qu'il arrivera. (*Elle sort par la gauche.*)

JEANNE.

Oui, maman.

SCÈNE III.

JEANNE, PUIS DES TOURBIÈRES.

JEANNE, *seule.*

M. Des Tourbières!... Ah! je ne l'aime pas; il me fait toujours des sermons... et puis, il a toujours l'air de se moquer de moi. C'est lui. (*Elle prend sa tapisserie et s'assied sur le canapé.*)

LE DOMESTIQUE, *introduisant M. Des Tourbières.*

Je vais prévenir madame la comtesse. (*Il sort par la gauche.*)

DES TOURBIÈRES.

Bien!... Il n'y a pas de temps à perdre (*A part.*) Libre! je suis libre. Elle a ses vingt mille francs! Ma délicatesse me permet de la haïr. — Mademoiselle de Clairmont seule! Quelle heureuse chance! Une fille qui donne des rendez-vous la nuit, et une fille parfaitement innocente peuvent bien avoir le même langage; mais, que diable? il y a une différence dans l'accent... et rien qu'à la voir!... Faisons-la causer... je vais trouver dans sa candeur de nouvelles armes pour la défendre. (*Haut.*) Mademoiselle...

JEANNE.

Monsieur, maman vous attend, je vais la faire prévenir.

DES TOURBIÈRES.

Elle est déjà prévenue de mon arrivée. Vous ne subirez pas longtemps l'ennui de me tenir compagnie. (*Jeanne sourit. — A part.*) Elle sourit, elle ne répond rien... c'est de la franchise. Une fille qui aurait donné un rendez-vous aurait une phrase polie et menteuse pour me rassurer. (*Haut.*) Madame votre mère est chez M. le maréchal?

JEANNE.

Oui, monsieur.

DES TOURBIÈRES.

L'a-t-elle vu depuis hier?

JEANNE.

Je n'en sais rien.

DES TOURBIÈRES, *à part.*

Elle n'est pas babillarde aujourd'hui. Saurait-elle ce qui se passe? Non, elle est blanche et rose, elle n'est pas triste, elle a seulement l'air ennuyé parce que je suis là... c'est encore de l'innocence. La pauvrette! Il faut la taquiner. (*Haut.*) Mademoiselle Jeanne, est-ce que vous avez toujours vos colombes?

JEANNE.

Toujours, monsieur; et je ne vois pas pourquoi je ne les aurais pas, puisque maman me permet de les garder.

DES TOURBIÈRES.

C'est fâcheux! ce sont des oiseaux dangereux.

JEANNE.

Dangereux? On dit pour exprimer la bonté : doux comme une colombe.

DES TOURBIÈRES.

On dit plus, on dit tendre, tendre comme une colombe, et c'est là le mal.

JEANNE.

Doux et tendre, c'est la même chose.

DES TOURBIÈRES.

(*A part.*) Aimable témérité de l'innocence! (*Haut.*) Non,
mademoiselle, ce n'est pas la même chose : la douceur est une
vertu, la tendresse est un crime ; témoigner de la tendresse à
quelqu'un, c'est se rendre coupable.

JEANNE.

Si on ne l'aime pas, parce que c'est tromper. Mais si on l'aime
bien !...

DES TOURBIÈRES.

Plus on aime, mademoiselle, et plus c'est mal. Quand on aime
beaucoup, la personne qu'on aime trop prend sur vous un empire
immense; on devient son esclave, en un mot, et bientôt on est sa
victime.

JEANNE.

Oui, si la personne qu'on aime était méchante; mais les méchants, on ne les aime jamais ; alors il n'y a pas de danger.

DES TOURBIÈRES, *à part.*

Elle a réponse à tout. (*Haut.*) Il ne m'appartient pas de vous
faire des sermons : ce que je puis vous dire, c'est que si j'avais
une fille elle n'élèverait pas des colombes.

JEANNE.

Pourquoi?

DES TOURBIÈRES.

Ces oiseaux sont d'une véhémence!

JEANNE.

C'est vrai qu'ils se battent souvent; ils se donnent des coups de
bec à tout moment; mais on voit bien que c'est pour rire, et qu'au
fond ils ne sont pas en colère.

DES TOURBIÈRES.

Parbleu!... (*A part.*) J'allais dire une bêtise!... Et on veut
me faire croire que cette fille-là a donné des rendez-vous!...
Allons donc. (*Haut.*) Mais je pensais, mademoiselle, trouver ici
M. de Renneville.

JEANNE.

Il va venir.

DES TOURBIÈRES.

C'est chose sérieuse que le mariage. Est-ce que cet engagement
solennel ne vous épouvante pas, mademoiselle?

JEANNE

Non, monsieur.

DES TOURBIÈRES.

Vous aimez M. de Renneville ?

JEANNE.

Puisque je l'épouse.

DES TOURBIÈRES.

Ce n'est pas toujours une raison.

JEANNE.

Pour moi c'est la meilleure. Si je ne l'aimais pas je ne l'épouserais pas ; rien ne m'y oblige.

DES TOURBIÈRES.

Vous le croyez. Madame votre mère vous a dit : aime, et vous aimez. C'est de l'obéissance filiale.

JEANNE.

Non, vraiment ; je connais des personnes que je n'aurais jamais pu aimer... par ordre.

DES TOURBIÈRES, à part.

C'est pour moi qu'elle dit cela. Elle est ravissante. (Haut.) A vrai dire, il est charmant.

JEANNE.

N'est-ce pas ?

DES TOURBIÈRES.

Il vous aime, lui ?

JEANNE.

Pas encore, mais !...

DES TOURBIÈRES.

Et quand donc vous aimera-t-il ? où est l'obstacle ?

JEANNE.

Je ne sais pas encore ce qu'il faut être pour lui plaire ! mais quand je le saurai !...

DES TOURBIÈRES, solennellement.

Mademoiselle, croyez-moi, suivez le conseil d'un ami : pour lui plaire... restez ce que vous êtes.

JEANNE, voyant entrer la comtesse.

Voici maman : adieu, monsieur. Je vais voir mes colombes.

DES TOURBIÈRES.

Allez, mademoiselle, et empêchez-les de se battre. (Jeanne sort par la droite.)

SCÈNE IV.

LA COMTESSE, DES TOURBIÈRES.

LA COMTESSE.

Il refuse de me voir, mais tout n'est pas dit. — Ah! monsieur Des Tourbières, vous désirez me parler?

DES TOURBIÈRES.

Oui, madame, je pars, je vais à Blois; j'y serai ce soir; mais il me faut une autorisation de vous pour visiter votre hôtel.

LA COMTESSE.

Quel motif?...

DES TOURBIÈRES.

C'est une idée qui m'est venue.

LA COMTESSE.

Monsieur Des Tourbières, je vous ai deviné; il est inutile de jouer avec moi ce rôle que vous avez cru devoir adopter. Je sais que vous êtes un homme d'esprit; parlez-moi votre langage. Dans quel intérêt allez-vous à Blois?

DES TOURBIÈRES.

Dans l'intérêt de la vérité, dans le vôtre, madame.

LA COMTESSE.

Mais n'êtes-vous point l'allié de mademoiselle de Blossac? ne lui êtes-vous point tout dévoué?

DES TOURBIÈRES.

Dévoué... jamais!... engagé malgré moi; mais, grâce au ciel, aujourd'hui je suis libre, et je puis parler.

LA COMTESSE.

Que savez-vous? oh! monsieur, ma fille!...

DES TOURBIÈRES.

Demain, j'espère pouvoir vous éclairer; mais, d'ici là, ayez confiance en moi, donnez-moi l'autorisation que je vous demande. (*Apercevant Hector qni entre.*) M. de Renneville, qui vient, vous répondra de ma sincérité.

SCÈNE V.

DES TOURBIÈRES, HECTOR, LA COMTESSE.

HECTOR, *à la comtesse.*

Vous pouvez vous fier à lui, madame, il est des nôtres. Son voyage à Blois peut nous valoir des renseignements importants.

LA COMTESSE *se met à écrire à droite, et pendant qu'elle écrit.*

Votre père?

HECTOR.

Il est inflexible. — Et le maréchal?

LA COMTESSE.

Il a refusé de me voir.

DES TOURBIÈRES.

Son mariage est décidé; il épouse mademoiselle de Blossac.

LA COMTESSE.

Il me l'a dit : il nous chasse de sa maison. — Quelle femme!...

HECTOR.

Patience! — Et Jeanne?

LA COMTESSE.

Elle ne sait rien.

DES TOURBIÈRES.

Rien... je vous en réponds. C'est un ange; je subirais pour elle le jugement du feu.

LA COMTESSE, *donnant à Des Tourbières le papier écrit.*

Voici ce que vous me demandez.

DES TOURBIÈRES.

Merci, madame. L'heure me presse; le convoi ne m'attendra pas. Adieu, monsieur de Renneville! Vous n'aurez pas à vous repentir de votre confiance. Quant à vous, madame, puisque vous avez deviné que j'avais de l'esprit, je ne suis pas inquiet, vous devinerez bien aussi que j'ai du cœur. (*A Hector.*) A demain. (*Il sort par le fond.*)

SCÈNE VI.

HECTOR, LA COMTESSE.

HECTOR.

J'ai vu mademoiselle de Blossac.

LA COMTESSE.

Eh bien! sur quoi fonde-t-elle cette calomnie?

HECTOR.

Elle m'a promis des renseignements. Elle mentira, mais nous saurons bien décomposer ses mensonges. Avant tout, il faut interroger Léonard. Mademoiselle de Blossac prétend lui avoir parlé ce matin; elle affirme qu'il n'a osé rien nier, et que son trouble était visible.

LA COMTESSE.

Je ne puis le croire. Léonard est un honnête homme, un puritain de village, il nous est tout dévoué... ce qu'il dira sera la vérité.

HECTOR.

Vous l'attendez?

LA COMTESSE.

Oui, et nous allons sortir enfin de cette incertitude.

HECTOR.

Elle a dans ses assertions un aplomb qui effraie. Il y a là-dessous quelque terrible mystère, peut-être une imprudence de cette pauvre enfant!... Vous ne vous rappelez rien?...

LA COMTESSE.

J'étais mourante!... J'avais la fièvre, le délire; ce sont les seuls jours de ma vie où je n'ai pas veillé sur ma fille; mais je la connais... je réponds d'elle.

LE DOMESTIQUE.

Madame, c'est Léonard.

SCÈNE VII.

HECTOR, LA COMTESSE, LÉONARD.

LA COMTESSE.

Ah!

HECTOR.

Enfin !

LÉONARD.

Madame la comtesse...

LA COMTESSE.

Venez, venez, Léonard.

LÉONARD.

Salut, madame la comtesse; salut, monsieur.

LA COMTESSE, *au domestique.*

Allez, et ne laissez entrer personne. Je vous remercie d'être venu, mon bon Léonard... Je vous ai dérangé.

LÉONARD.

Je suis toujours aux ordres de madame.

LA COMTESSE.

Léonard, nous avons un renseignement à vous demander.

LÉONARD.

Un renseignement?...

LA COMTESSE.

On raconte une chose impossible. Nous voulons savoir de vous la vérité.

LÉONARD.

La vérité?

LA COMTESSE.

Tout entière. Votre devoir est de nous la dire.

LÉONARD.

S'il s'agit de ce qui s'est passé à Blois... (on m'en a déjà parlé ce matin) je désirerais ne m'en expliquer que devant madame la comtesse.

LA COMTESSE.

Vous devez aussi parler devant M. de Renneville.

LÉONARD.

Ah! c'est là M. de Renneville!... celui qui devait être votre gendre? Oh! non, devant lui je n'oserais...

HECTOR, *s'éloignant.*

Je reviendrai.

LA COMTESSE.

Restez, Hector, il faut que vous sachiez tout. Je fais ce sacrifice à votre honneur, vous respecterez le nôtre.

HECTOR.

Votre cause est la mienne. Quoi que j'apprenne, vous pouvez compter sur mon silence.

LA COMTESSE, *prenant la main d'Hector.*

Noble cœur!... Hélas! (*Elle s'assied sur le canapé à gauche ; Hector s'appuie sur le dossier du canapé.*) — Eh bien, Léonard?...

LÉONARD.

Le ciel m'est témoin, madame, que j'aurais donné mes plus beaux plants pour me dispenser de venir...

LA COMTESSE.

Parlez, parlez vite, je vous en conjure.

LÉONARD.

Madame sait que pendant vingt ans que je suis resté au service de la famille des Clairmont j'ai toujours été plein de respect pour mes maîtres.

LA COMTESSE.

Sans doute.

LÉONARD.

Madame ne croira pas que je puisse jamais avoir l'idée de l'offenser, et si ce que je vais dire...

LA COMTESSE.

Je connais vos intentions. Ne me cachez rien; je veux tout savoir. C'était au mois d'août...

LÉONARD.

C'était au mois d'août... il y a de cela un an... dans la nuit du 27 au 28... je m'étais couché de bonne heure, car je devais me lever avant le jour. Madame la comtesse était très-malade dans ce temps-là, et l'on m'avait donné une ordonnance à porter chez un pharmacien, à Ménars, madame n'ayant pas confiance dans celui de Blois, qui est pourtant un bien honnête homme. A trois heures environ, je suis réveillé en sursaut, j'entends du bruit, le gros chien aboyait; je me dis : « Tant mieux! je serai plus tôt prêt à partir. » Je me lève, je prends mon fusil, et je vais voir ce qui se passe. Je me glisse derrière la charmille, j'écoute, je n'entends plus rien ; je regarde, et j'aperçois une robe blanche qui traversait un rayon de la lune dans la grande allée; je reconnais bientôt la taille mignonne de mademoiselle, il n'y a qu'elle pour avoir cette gentillesse. De la voir ainsi dans le jardin à cette heure-là, ça me saisit; je crois qu'il est arrivé un malheur, qu'elle a perdu la tête; je veux courir après elle, mais je m'aperçois qu'elle n'est pas seule, et que, bien loin d'être inquiète, agitée, elle marche avec précaution, mystérieusement, comme une personne qui a toute sa raison et qui ne veut pas être vue... Je m'arrête, et je tâche de reconnaître avec qui elle est... C'était difficile, à cause des touffes de dahlias et des grands pieds d'astères qui se confondaient de loin à mes yeux avec les habits sombres du jeune homme que je cherchais à distinguer... C'était un jeune homme. D'abord, j'avais pensé, j'avais espéré que c'était le médecin. « Que je suis fou! m'étais-je dit, c'est M. Lhomond, qui aura passé la nuit près de madame la comtesse, et mademoiselle Jeanne le reconduit par la petite porte de service, pour ne pas réveiller toute la maison en ouvrant la grande fenêtre de l'antichambre, qui est si difficile à refermer. » Alors, vite je veux les rejoindre pour demander au docteur lui-même des nouvelles de la malade, et pour savoir s'il faut toujours que j'aille à Ménars porter mon ordonnance. Je m'approche; mais bah! ce n'était pas le docteur! M. Lhomond est un gros homme tout court et tout trapu; ça, c'était un grand jeune homme, il n'y avait pas moyen de s'y tromper. N'importe! j'avais tant peine à croire ce que je voyais, que je me fis encore une autre invention à moi-même; je me dis : « C'est un élève du docteur, il l'aura laissé là pour veiller madame, crainte d'accident, et mademoiselle le reconduit. » Mais... mais... ce n'est pas comme ça qu'on reconduit un étranger... un jeune médecin qu'on voit pour la première fois, on ne le traite pas de cette manière-là... on ne... Madame la comtesse, ne me demandez rien de plus.

LA COMTESSE.

Léonard, parlez, il faut que je sache tout.

LÉONARD.

C'est que... mon Dieu! ça m'écorche les lèvres de dénoncer cette pauvre enfant que j'ai vue toute petite jouer chez nous et que j'aimais, sauf votre respect, madame la comtesse, que j'aimais comme ma fille... Oh! je l'aime toujours, je ne peux pas m'empêcher de l'aimer... mais depuis ce jour-là, pour moi, ce n'est plus la même...

LA COMTESSE, *bouleversée.*

Léonard, mon cher Léonard, vous voyez dans quelle angoisse je suis... dites...

LÉONARD.

Ah! madame sera encore plus dans l'angoisse quand j'aurai tout dit... et de lui faire mal, de lui faire tant de chagrin, à elle qui a toujours été si bonne pour moi, à qui je dois tout... ça me fend le cœur.

LA COMTESSE, *irritée et se levant.*

Ne songez pas à moi, Léonard... il faut que je prévienne de nouveaux dangers. Parlez, j'ai du courage.

LÉONARD.

Ah! madame la comtesse, une mère n'a pas de courage pour ces choses-là!...

LA COMTESSE.

Mais... peut-être aviez-vous raison, peut-être un élève du docteur Lhomond a-t-il veillé cette nuit-là près de moi, et dans sa reconnaissance, Jeanne lui serrait les mains comme à un ami...

LÉONARD.

Oh! ça, j'aurais compris ça! Mais elle n'était pas seulement affectueuse, elle était... familière, tendre... caressante ; elle s'appuyait sur son épaule, elle le câlinait, quoi!... comme ma femme me câline, quand je rentre ou quand elle me dit adieu. Ah! je m'y connais, il faut aimer beaucoup, beaucoup les gens pour les flatter comme ça.

LA COMTESSE, *suffoquée.*

Mais... lui?...

LÉONARD.

Ah! lui, de la place où j'étais je ne le voyais pas bien, lui. Aussi, voulant le regarder de plus près, quand j'ai entendu que mademoiselle Jeanne ouvrait la petite porte du jardin, j'ai sauté par-dessus le mur pour rattraper mon homme quand il serait dans la prairie. En effet, là, je l'ai retrouvé, et quand j'ai reconnu M. Charles Valleray, le fils de notre préfet, tout m'a été expliqué. Je savais que madame la marquise n'avait jamais voulu le recevoir chez elle, à cause de ses opinions politiques, et alors j'ai compris que, si ces jeunes gens s'aimaient, il leur fallait bien se voir en cachette, puisque leurs parents ne leur permettaient pas de s'aimer autrement. Ce qui m'inquiétait le plus, c'est l'idée que peut-être je n'avais pas été seul à les surprendre, et vite je suis revenu dans le jardin. Au même instant, j'ai entendu le bruit d'une fenêtre qu'on fermait, c'était du côté de l'hôtel de France, à gauche, près du grand peuplier. Cette fenêtre qu'on fermait à cette heure... Cela m'a toujours inquiété. Aussi, comme je pensais que cette aventure serait tôt ou tard connue, racontée, j'ai demandé à madame mon congé pour ne pas être dans le pays quand on viendrait à parler de ça. Je ne sais pas mentir, et ce secret-là m'affligeait trop. Il a fallu les ordres, les prières de madame la comtesse pour me forcer à parler contre mademoiselle... J'ai obéi bien à regret, mais... Enfin, voilà toute la vérité. J'espère que madame la comtesse me la pardonnera (*Il essuie ses yeux.*)

LA COMTESSE.

Je vous remercie, mon bon Léonard. Attendez que je vous fasse demander; vous ne partirez que ce soir, il est possible que nous ayons encore besoin de vous... Au revoir. (*Léonard s'éloigne tristement.*)

SCÈNE VIII.

HECTOR, LA COMTESSE.

(*Dès que Léonard est parti, la comtesse se laisse tomber sur un fauteuil à droite et sanglotte.*)

HECTOR, *avec violence, la regardant pleurer.*

Mais vous croyez donc tout ça, vous !...

LA COMTESSE.

Monsieur de Renneville, je vous rends votre parole... vous êtes libre.

HECTOR, *indigné.*

Je n'en veux pas de ma liberté... Je vous dis, madame, que votre fille est innocente, et je ne comprends pas que vous en doutiez, vous, sa mère !... Eh bien ! moi, qui ne l'ai pas connue enfant, moi qui ne l'ai point portée sur mes bras à son berceau, moi qui n'ai pas vu comme vous croître sa beauté, s'épanouir sa jeune âme, se développer sa jeune et brillante imagination, sa pensée si noble, si pure, moi qui la connais à peine, je la déclare, je la juge, je la sens innocente.

LA COMTESSE.

Vous l'aimez, et l'amour...

HECTOR.

L'amour ne cherche pas à se flatter dans la jalousie; au contraire, il est avide de soupçons, et pour que moi, qui devrais douter, j'aie foi malgré l'évidence, (oh! je reconnais l'évidence!) c'est que la vérité me frappe, m'inspire et me rend lucide malgré tout.

LA COMTESSE.

Ce récit... l'attachement de Léonard pour notre famille, pour cette enfant qu'il lui faut accuser...

HECTOR.

Léonard a mal vu, c'était une autre femme, quelque jeune fille qui avait intérêt à le tromper...

LA COMTESSE.

Léonard ne pouvait confondre ma fille avec une autre, et pour qu'il certifie l'avoir reconnue, il faut qu'il l'ait bien observée et vue positivement.

HECTOR.

Ainsi, vous la croyez coupable?

LA COMTESSE.

Coupable, non; mais victime d'un misérable qui aura voulu se venger sur elle des humiliations que la marquise de Clairmont lui avait fait endurer. On savait qu'on ne pouvait atteindre la vieille marquise que dans sa tendresse pour Jeanne, c'était sa filleule, son héritière, la pauvre femme l'idolâtrait. Eh! mon Dieu! il en est ainsi de tous ceux qui la connaissent! elle est si charmante, vous comprenez cela vous-même, vous la voyez depuis deux mois seulement... et...

HECTOR.

Je l'adore... mais si je l'ai adorée si vite, c'est pour sa candeur; non, vous dis-je, elle est innocente, faites-la venir et interrogez-la.

LA COMTESSE.

C'est ce que je vais faire. (*Elle remonte et passe à gauche.*) Mais comment l'interroger? je ne voudrais pas... Je ne sais quelles questions lui adresser... je crains de l'éclairer...

HECTOR, *vivement.*

Ah! vous voyez bien que vous ne la croyez pas coupable! Rassemblez tout votre courage et faites-la demander.

LA COMTESSE.

Tout de suite. Mais vous voulez rester?

HECTOR.

Certainement.

LA COMTESSE.

Vous la troublerez peut-être.

HECTOR.

Au contraire, je lui donnerai de l'assurance; moi, je suis de son parti.

LA COMTESSE.

Croyez-vous donc que je suis contre elle?

HECTOR.

Vous doutez.

LA COMTESSE, *à part.*

Cher Hector, il tremble encore plus que moi.

HECTOR.

Ah! je suis impatient de l'entendre; j'en ai la fièvre. (*Il sonne à gauche.*)

LA COMTESSE, *à un domestique qui parait.*

Mademoiselle Jeanne? (*Le domestique sort par la droite.*) Elle est là dans ma chambre, elle essaie les robes de son trousseau.— Par quoi commencer ce triste interrogatoire? comment aborder ce pénible sujet?

HECTOR.

Demandez-lui d'abord si elle connaît ce monsieur.

LA COMTESSE.

Non, oh! non, ce serait l'avertir de l'importance que nous attachons à ses réponses. Non, tenez, prenez un journal, et faites comme si nous causions des nouvelles qu'il donne... Je l'entends... Oh! je me sens frissonner!

SCÈNE IX.

HECTOR, *assis à la table,* LA COMTESSE, *sur le canapé,* JEANNE.

(*Jeanne, habillée pour le soir, robe blanche, entre en attachant ses nœuds, ses bracelets, et se place debout devant la table, à droite.*)

JEANNE.

J'ai essayé toutes mes robes. Il y en a deux en velours, une

verte et une noire... et elles me vont!... Ah ! la robe verte sur-
tout. Madame Camille le disait elle-même : « Cette robe-là vous
grandit de deux pouces et vous vieillit de dix ans ! » J'ai l'air
d'une vraie dame. Oh ! quand j'aurai cette belle robe-là, on ne
m'appellera plus la petite Jeanne... ce qui commence à m'ennuyer.
Vous m'avez fait demander, maman? (*Elle va se placer derrière
le canapé, entre Hector et sa mère qu'elle regarde.*) Comme tu
es pâle ! Est-ce que tu es malade?

LA COMTESSE.

Non, mon enfant.

JEANNE.

Tu as l'air d'avoir du chagrin.

LA COMTESSE.

Je n'ai rien.

JEANNE, *à Hector*.

Comme maman est triste! Est-ce qu'il m'est arrivé un malheur?

HECTOR.

Non, mais vous allez vous marier, et c'est toujours un chagrin
pour une mère que de marier sa fille.

JEANNE.

Pourquoi ?... (*Venant à la gauche de la comtesse.*) Est-ce
vrai, maman, que ça te fait de la peine que je me marie? Alors
j'attendrai.

LA COMTESSE, *la faisant asseoir à côté d'elle*.

C'est une peine que je désire, ma chère Jeanne ; mais le mariage
est une chose sérieuse...

JEANNE.

Il faut être triste?

HECTOR.

Non ; vous voyez bien que je suis joyeux, moi.

JEANNE.

Mais elle?...

LA COMTESSE.

Donner sa fille à un mari, c'est se séparer d'elle, et cette séparation...

JEANNE, *vivement*.

Nous séparer ! mais nous restons ensemble, n'est-ce pas, monsieur de Ronneville?

LA COMTESSE.

Si ce n'est une véritable séparation, c'est au moins un partage :
tu n'aimais que nous, et maintenant un autre va nous enlever la
moitié de ton affection.

JEANNE.

Ah! pour ça, il faut vous y préparer ; j'aimerai mon mari, j'y
suis décidée... Mais je t'aimerai toujours de même, il n'y paraîtra
rien. (*Elle baise la main de sa mère.*)

LA COMTESSE, *bas à Hector.*

Je suis comme vous ; quand je l'écoute, je me rassure.

HECTOR, *bas à la comtesse.*

Moi, je n'ai plus aucune crainte. Amenez vite le nom de ce
monsieur.

LA COMTESSE, *de même.*

Oui... vous, regardez-la. (*Haut, à Jeanne, admirant sa
coiffure.*) Comme tu es belle ! pourquoi t'es-tu parée ainsi ?

JEANNE.

Pour dîner chez mon oncle.

LA COMTESSE, *troublée.*

Ah !

JEANNE.

Vous l'avez oublié... c'est aujourd'hui mercredi ; et il vient
maintenant chez lui tant de monde le soir !

LA COMTESSE, *embarrassée.*

En effet, j'avais oublié de te dire que nous ne dînerions pas
aujourd'hui chez le maréchal... Il est souffrant... il ne recevra
personne.

JEANNE.

Pauvre oncle! nous irons savoir de ses nouvelles après dîner.

LA COMTESSE.

Non, il veut être seul. (*Elle fait signe à Hector.*)

JEANNE.

Tout seul ?

LA COMTESSE.

Non, il veut rester à causer tranquillement avec un de ses anciens amis, un ami que ta chère grand'mère n'aimait guère, et
qu'elle n'a jamais voulu recevoir, l'ancien préfet de Blois, M. Valleray. Tu t'en souviens ; il passait souvent à cheval sous nos fenê-

tres avec son fils? (*Bas à Hector.*) Elle se trouble. (*Haut.*) Tu
ne te rappelles pas Charles Valleray? Un grand jeune homme...
blond?...

JEANNE.

Et mon oncle, lui, ne le déteste donc pas?

LA COMTESSE.

Au contraire, il était souvent en querelle avec la vieille marquise, parce qu'elle lui disait de lui et de son père beaucoup de
mal. Mais M. Valleray lui-même savait bien que nous autres
nous n'étions pas ses ennemis, et son fils prétendait que toi,
Jeanne, toi... tu étais particulièrement bienveillante pour lui.

JEANNE.

Ah! il a dit cela.

LA COMTESSE.

On prétend même qu'il a raconté que pendant que j'étais malade, malade à la mort, ce qui expliquerait parfaitement cette
démarche, il est venu savoir de mes nouvelles, et que c'est toi
qui lui en as donné...

JEANNE, *embarrassée*.

Non, maman, jamais M. Charles Valleray n'est venu demander
de vos nouvelles...

LA COMTESSE.

J'en étais sûre, tu me l'aurais dit. Et vois, ma petite Jeanne,
vois comme on invente! quelqu'un assure vous avoir vus, un soir,
ensemble dans le jardin.

JEANNE, *vivement et se levant*.

On nous a vus!

LA COMTESSE, *se trahissant et se levant aussi*.

C'est donc vrai?

JEANNE.

Et qui est-ce qui nous a vus?

LA COMTESSE.

Mais c'est donc vrai, c'est donc vrai, malheureuse!

HECTOR, *qui s'est levé, bas à la comtesse*.

Calmez-vous.

LA COMTESSE, *d'une voix plus douce*.

Pourquoi ne m'as-tu pas conté cela, mon enfant?

JEANNE, *gravement*.

Parce que c'était mal.

6

LA COMTESSE.

Ainsi, tu avais le sentiment de ton... imprudence?

JEANNE.

Quelle imprudence? Il m'avait fait jurer de garder le secret, et j'ai tenu ma promesse.

LA COMTESSE.

Tu as eu raison, ma fille, il faut toujours tenir ses serments. Mais explique-moi cette histoire-là, car je ne la comprends pas bien; il faut qu'on me l'ait mal racontée. On m'a dit qu'on t'avait vue seule avec M. Charles Valleray dans le jardin, il y a un an, au mois d'août; on a même précisé la date, la nuit du 28 au 29 août, il y a un an...

JEANNE.

Non, maman, ce n'est pas ça...

LA COMTESSE.

Ah! je le disais bien...

JEANNE.

C'est la nuit du 27 au 28.

LA COMTESSE.

On t'a vue dans le jardin avec... M. Charles Valleray... **Tu lui as ouvert toi-même la petite porte qui donne sur la prairie, et lui,** en te quittant, comme pour te remercier du service que tu lui rendais, il s'est montré très-affectueux... pour toi...

JEANNE.

Lui? non, il m'a seulement baisé la main; **mais c'est moi qui le** caressais beaucoup.

LA COMTESSE.

Toi! toi! mais pourquoi donc?

JEANNE.

Il le fallait bien, sans cela nous étions perdus.

LA COMTESSE, *bas à Hector.*

Ah! c'est à en devenir folle!

HECTOR, *bas à la comtesse, cherchant à la calmer.*

Contraignez-vous, regardez-la; voyez comme elle est sûre d'elle. (*La comtesse remonte la scène et redescend à la gauche de Jeanne. — A Jeanne, essayant de sourire.*) Voyons, mademoiselle, expliquez-nous donc un peu pourquoi vous traitiez si bien ce beau jeune homme?

JEANNE.

Ah! le jaloux! Je vais vous expliquer cela; c'est bien simple...
C'est que je voulais empêcher... mais, non je vais reprendre toute
l'histoire du commencement. Je vous ai déjà dit que c'était le
28 août, ma mère était dangereusement malade depuis trois
semaines, oh! bien mal, et depuis deux jours elle avait le délire,
elle ne nous reconnaissait plus; elle avait de grands yeux bril-
lants qui ne voyaient plus rien, elle me criait à moi d'un air égaré,
quand je m'approchais d'elle : « Va-t'en, va-t'en! ta présence
m'est odieuse! » Elle me disait cela à moi, moi? Jugez comme
elle était malade! On désespérait d'elle, on levait les mains au
ciel, on parlait tout bas devant moi, et, en me regardant, on se
disait déjà : « Pauvre enfant! » Oh! c'était affreux!... Enfin,
vers le soir de ce jour-là, elle se calma un peu, et le médecin, —
qui l'a sauvée, nous dit que si ce calme pouvait durer, si la malade pouvait dormir seulement trois ou quatre heures, il répon-
drait d'elle. Après tant de jours de désespoir, cette bonne parole
nous rendit tout notre courage. M. Lhomond s'en alla, et quelques minutes après son départ, maman s'endormit doucement.
Alors, sans nous parler, sans oser respirer à peine, nous faisons
toutes les trois, la vieille Thérèse, Fanny et moi, nos préparatifs
pour la nuit. Thérèse s'établit dans un bon fauteuil pour dormir;
Fanny, qui avait déjà passé quinze nuits près de maman, et qui
ne s'est jamais remise de cette fatigue-là... Dès que maman a été
mieux, elle est tombée malade, et elle a été forcée de nous quitter... Elle est venue l'autre jour, elle va partir...

LA COMTESSE.

Mais laisse donc Fanny de côté et va vite.

JEANNE.

Fanny va se coucher sur son lit, et moi je me mets à prier.
Oh! comme j'ai bien prié cette nuit-là! je n'avais pas de distrac-
tions comme à la messe, va!... Le silence était si grand qu'on
n'entendait rien que le mouvement de la pendule; alors l'idée me
vint que l'heure allait sonner, et que le bruit de la sonnerie re-
tentissant tout à coup dans ce profond silence, pourrait réveiller
la malade,.. je me levai, et, marchant sur la pointe du pied, j'allai
vers la cheminée et j'arrêtai la pendule. A peine avais-je fini
que j'entendis au fond du jardin César, le gros chien de garde,

qui aboyait comme un furieux... Sa voix ne grondait encore que dans le lointain, mais je l'entendais qui se rapprochait, qui se rapprochait... Oh! mon Dieu! pensais-je, il va venir faire son vacarme sous les fenêtres de maman, elle se réveillera, et tout ce bon sommeil sera perdu. Sans réfléchir à ce que je faisais, je prends une petite lampe qui était sur la table, je regarde Thérèse... elle n'avait rien entendu... d'ailleurs, César ne l'aime pas, il ne l'aurait pas écoutée... et vite je descends l'escalier. Je me disais bien : « Ce sont peut-être des voleurs, » mais je n'avais pas peur. Oh! j'ai du courage, moi! J'ouvre la porte, et qu'est-ce que je vois sur la terrasse?... Ce méchant César, qui dévorait un grand jeune homme!... Tant qu'il le mordait, il n'y avait pas de danger, il n'aboyait pas; mais le jeune homme avait une grosse canne et frappait fort, et je voyais le moment où César allait lâcher prise; c'est alors qu'il aurait hurlé et réveillé toute la maison. Il n'y avait pas une minute à perdre. Aussi, je m'approche de M. Valleray, — je l'avais reconnu, — et je lui dis : « Monsieur, prenez-moi vite la main et faites-moi beaucoup d'amitiés. » M. Valleray comprit tout de suite que je venais à son secours, il saisit ma main, et alors je lui parlai très-doucement, en le câlinant comme ça... (*Elle prend vivement la main d'Hector et s'appuie sur son épaule, puis elle se trouble et s'éloigne de lui.*) Avec vous, je n'ose pas; c'est singulier... Toi, maman... (*Elle pose sa main sur l'épaule de sa mère et la caresse.*) Comme ça, en disant : « Ce bon M. Charles Valleray, je le connais; c'est un de « nos amis, nous l'aimons bien, il ne faut pas lui faire du mal, ni « aboyer après lui. César, ne te fâche pas, tu vois bien que c'est « un de nos amis... » Enfin, toutes sortes de bêtises qui firent une grande impression sur l'esprit de César, car il lâcha enfin ce pauvre jeune homme. J'allai chercher la clé de la petite porte du jardin, et je reconduisis M. Valleray, en lui tenant toujours la main bien affectueusement, parce que ce vilain César avait encore l'air très-maussade, et que je me méfiais de lui; et vite je suis revenue à la maison. Oh! comme j'étais inquiète en remontant l'escalier. Je tremblais, j'avais peur d'entendre ta voix et de te trouver réveillée. Je suis rentrée chez toi tout doucement! je me suis approchée de ton lit... oh! maman, quel bonheur! Dieu avait eu pitié de moi, tu dormais! .. (*Hector va vers la comtesse, il lui prend les deux mains avec orgueil; suffoqués par leur émotion, ils tombent dans les bras l'un de l'autre.*) Eh bien! qu'est-ce qu'ils ont donc?

HECTOR, *troublé, cherchant.*

Charles Valleray est mon camarade de collége... Vous l'avez sauvé...

JEANNE.

Il me l'a bien dit. Lui! le fils du préfet... une société secrète, si on l'avait surpris... il était perdu.

LA COMTESSE.

Comment se trouvait-il là?

JEANNE.

Il avait sauté par la fenêtre... de l'hôtel de France.

HECTOR.

C'est cela, c'est cela... tout s'explique! Cette fenêtre qu'on a refermée... plus de doute!

LA COMTESSE.

Chère enfant! (*Elle pleure.*)

HECTOR, *vivement.*

Ah! je renais!... que cela fait du bien!... Mais il ne s'agit pas d'être heureux... Il faut la démasquer. Le moyen, je le trouverai... avant tout, il faut que je voie Léonard... Adieu, ma chère Jeanne! (*Il lui prend les mains.*) Noble enfant! Vous serez vengée, l'hypocrite sera confondue; elle-même viendra se prendre au piége, je saurai lui arracher la vérité. Je vais tout raconter à mon père... Et le maréchal!... Ah! il faudra bien qu'il tombe à vos genoux!... A demain, Jeanne, ma femme, ma chère petite femme. (*Il prend la tête de Jeanne dans ses mains et l'embrasse avec passion. — Il sort.*)

JEANNE.

Maman, il est fou!

LA COMTESSE.

Non, il n'est pas fou!... Embrasse-moi.

FIN DU QUATRIÈME ACTE.

ACTE CINQUIÈME

Un boudoir, petit salon d'hôtel garni. Au fond une grande porte donnant sur un grand salon. A droite, une petite porte. Canapé, console, cheminée avec du feu.

SCÈNE PREMIÈRE.

HECTOR, UN DOMESTIQUE.

HECTOR.

Midi!... Il y a aujourd'hui cinq ans que ce pauvre Arthur a péri victime de l'orgueil de cette femme.

LE DOMESTIQUE, *entrant.*

Voici le bouquet de bruyères que monsieur a demandé.

HECTOR.

C'est bien! (*Il prend le bouquet et le place dans une coupe du Japon.*)

LE DOMESTIQUE.

M. le baron Des Tourbières est là.

HECTOR.

Faites-le entrer. (*Le domestique introduit Des Tourbières et sort.*)

SCÈNE II.

HECTOR, DES TOURBIÈRES.

DES TOURBIÈRES.

J'arrive. — Quelle belle invention que les chemins de fer! Blois n'est plus, comme ils le disent, qu'un faubourg de Paris.

HECTOR.

Eh bien! vous avez visité l'hôtel de madame de Clairmont?

DES TOURBIÈRES.

Oui.

HECTOR.

Qu'avez-vous appris?

DES TOURBIÈRES.

Rien. Je ne sais rien du tout ; mais je sais comment je peux savoir.

HECTOR.

Léonard est allé vous rejoindre à Blois ; je vous l'ai envoyé.

DES TOURBIÈRES.

Et vous avez bien fait : il m'a été fort utile ; il m'a indiqué la fenêtre qu'on a fermée la nuit du 27 au 28 août. C'est celle d'un petit appartement de l'hôtel voisin. Avec de l'adresse et de l'audace, un jeune homme qui a étudié la gymnastique peut facilement sauter de cette fenêtre sur une des branches d'un haut peuplier, et de là descendre dans le jardin... Cette possibilité reconnue, il s'agit de savoir quelle personne habitait cet appartement pendant la nuit du 27 au 28 août 1850.

HECTOR.

Et vous avez découvert ?...

DES TOURBIÈRES.

Rien encore, vous dis-je ; ce n'est qu'ici que je puis avoir les derniers renseignements, et si mes soupçons se vérifient, je sais bien qui se repentira d'avoir inventé cette fable.

HECTOR.

Vous n'en êtes qu'aux conjectures ; mademoiselle de Blossac m'en dira davantage.

DES TOURBIÈRES.

Mademoiselle de Blossac ?

HECTOR.

Je l'attends ce matin.

DES TOURBIÈRES.

Mademoiselle de Blossac ?... Vous l'attendez !... où ?...

HECTOR.

Ici.

DES TOURBIÈRES

Elle vous a donné un rendez-vous ?... chez vous ?...

HECTOR.

Oui, elle trouve cela plus prudent !...

DES TOURBIÈRES.

Mon cher monsieur de Renneville... vous êtes perdu !...

HECTOR.

Je ne la crains pas. J'ai de quoi la confondre.

DES TOURBIÈRES.

Confondre mademoiselle de Blossac, vous!

HECTOR.

Pourquoi pas?

DES TOURBIÈRES.

Vous n'êtes pas de force, brave jeune homme!...

HECTOR.

Les hypocrites ne me font pas peur. Je connais ces natures impudentes et lâches, elles vous bravent tant qu'elles peuvent encore vous échapper et mentir; mais une fois prises au piége, elles se déconcertent et ne savent plus que demander grâce humblement.

DES TOURBIÈRES.

C'est vous qu'elle prendra au piége. Elle vient ici, parce qu'elle vous aime, et c'est bien là ce qui la rend si dangereuse.

HECTOR.

Ah! vous vous imaginez que cette femme-là va risquer de se compromettre, de se perdre par amour? Ce serait démentir en un jour le caractère de toute sa vie.

DES TOURBIÈRES.

Eh bien! qu'est-ce que l'amour, s'il vous plaît, si ce n'est le démenti donné en un jour au caractère de toute notre vie? Elle vous aime! Donc, elle sera pour vous ce qu'elle n'a jamais été pour personne... Elle sera tendre, sincère, imprudente et vertueuse. Oh! il faut vous attendre à cela. C'est encore un des miracles de l'amour, c'est qu'il rend honnêtes les femmes les plus éhontées, les plus violentes dans leurs passions.

HECTOR.

Mais elle est brave, vous en conviendrez?

DES TOURBIÈRES.

Pas tant que vous croyez... Elle a confiance dans votre loyauté, dans votre honneur.

HECTOR.

Avec une telle créature, l'honneur, la délicatesse sont des duperies... Oh! je me vengerai sans scrupule!

DES TOURBIÈRES.

Vous ne vous vengerez pas!... Elle vous connaît mieux que vous ne vous connaissez vous-même. Allez, ces êtres-là ont un fameux esprit de divination!... N'ayez pas peur qu'ils s'adressent

jamais à des misérables de leur espèce, à des fourbes comme eux
qui pourraient leur rendre malice pour malice, lâcheté pour
lâcheté... Non, ils ne traitent qu'avec des gens d'honneur, qu'avec
des femmes nobles et dignes. Ils sont friands de belles âmes... ce
sont de grands amateurs de loyauté... Voyez plutôt mademoiselle de Blossac!... Elle s'en prend au maréchal, parce que le
maréchal est un esprit élevé, romanesque... Elle le dupe et s'en
fait épouser. Elle s'adresse à vous, le loyal chevalier, le crédule
et tendre troubadour, le dernier héros du dernier roman, parce
qu'elle sait bien que vous avez toutes les qualités des dupes éter-
nelles... toujours prêtes à se dévouer, toujours séduites par l'appât
du sacrifice... qu'on amorce toujours avec ce simple mot : « Je
n'espère qu'en vous, sauvez-moi! » Ah! les hypocrites, les traîtres
ont cela de bon qu'ils croient à la vertu... la preuve, c'est qu'ils
l'exploitent. Ils en savent le prix mieux que les honnêtes gens, et
ils connaissent si bien la manière de s'en servir!... Une belle
âme... oh! c'est leur proie naturelle!... Ils la devinent, ils la
flairent de loin comme le loup la brebis, comme le milan l'hiron-
delle, et ils ne s'y trompent jamais. Allez, suivez-les avec confiance... choisissez aveuglément pour associé, pour femme, pour
ami... leur dupe, leur proie, leur victime... vous êtes certains
de tomber sur de nobles cœurs!

HECTOR.

Vous me flattez, mon cher, je ne suis pas généreux.

DES TOURBIÈRES.

O jeune imprudent! croyez-moi, ne luttez pas avec lady Tartuffe... Que ce sobriquet mérité vous éclaire!

HECTOR.

Il m'encourage, vraiment!... Est-ce que Tartuffe n'a pas été
démasqué par Elmire?

DES TOURBIÈRES.

Ah! quel sujet délicat, et comme les circonstances sont dif-
férentes!

HECTOR.

Ce sont les mêmes absolument : un rendez-vous, un piége...
une hypocrisie à confondre!

DES TOURBIÈRES.

Oui, mais Elmire a un grand avantage que vous n'avez pas.

HECTOR.

Lequel?

DES TOURBIÈRES.

Elmire est une femme! Et Tartuffe a une grande infériorité
que vous avez... Tartuffe est un homme! Or, l'homme le plus
profond est un innocent à côté de la plus simple femme.

HECTOR.

Ce n'est plus une femme à mes yeux, c'est un monstre qui me
fait horreur.

DES TOURBIÈRES.

Oui, dans ce moment-ci, parce que c'est moi qui suis là!...
mais quand ce sera elle... quand elle vous dira qu'elle vous
aime!

HECTOR.

Je lui dirai que je la déteste, que je la méprise!

DES TOURBIÈRES.

Alors elle pleurera et vous serez vaincu : car voilà encore l'avantage des femmes! elles sont jolies quand elles pleurent... nous, au
contraire, nous pleurons mal, sans facilité, sans grâce... et quand
nous parvenons à pleurnicher un peu, nous sommes affreux!...
Parions vos vingt mille francs que vous faiblissez.

HECTOR.

Je tiens le pari.

DES TOURBIÈRES.

Je vous volerais, je parierais à coup sûr.

HECTOR, *souriant amèrement.*

Le souvenir du mal qu'elle m'a fait me défendra.

DES TOURBIÈRES.

Alors, bonne chance!... Le combat va bientôt commencer.
Au revoir, brave jeune homme. Luttez vaillamment contre lady
Tartuffe... et que Molière vous protége! (*Il sort.*)

SCÈNE III.

HECTOR, *seul.*

Au revoir!... Pourvu qu'il ne la rencontre pas!... Non, ce n'est
pas encore l'heure. Notre plan est bien concerté... voyons si
je n'oublie rien. Ce salon qu'on m'a cédé fait partie de l'appar-

tement occupé par la duchesse de Cléveland. Deux portes me séparent du grand salon; le maréchal et madame de Clairmont y sont déjà peut-être. Dans un instant madame de Blossac va venir, je lui arracherai le secret d'où dépend l'honneur de Jeanne, et si je n'obtiens rien d'elle, sa présence chez moi suffira du moins pour la perdre et la confondre. — On frappe de ce côté, c'est madame de Clairmont. (*Il ôte le verrou.*)

SCÈNE IV.

HECTOR, LA COMTESSE.

LA COMTESSE, *sur le pas de la porte.*
Nous sommes là.

HECTOR.
Et Jeanne?

LA COMTESSE.
Elle est avec la fille de la duchesse.

HECTOR.
Le maréchal?

LA COMTESSE.
Il va venir. Il ne nous maudit plus; mais il veut toujours se marier.

HECTOR.
Il ne dit plus que Jeanne est coupable?

LA COMTESSE.
Non; mais il doute qu'on puisse prouver à tout le monde son innocence.

HECTOR.
C'est ce que nous allons faire. Vous paraîtrez à mon signal.

LA COMTESSE.
Quel signal?

HECTOR.
Quand le moment de la confondre sera venu... Tenez, j'ouvrirai le rideau de cette fenêtre...

LA COMTESSE.
Qui est en face du boudoir de la duchesse. Bien !

HECTOR.

Un mot encore. Mademoiselle de Blossac sait-elle que Jeanne s'est justifiée?

LA COMTESSE.

Elle sait tout.

HECTOR.

Alors elle ne viendra pas.

LA COMTESSE.

Elle viendra. Vous ne connaissez pas les prudes; quand elles ont une fantaisie d'amour en tête, elles ne peuvent y résister. Eh! c'est pour cela qu'elles sont prudes; le voile n'est si épais, que parce qu'il y a beaucoup à cacher. Mais défiez-vous de cette femme.

HECTOR.

Doutez-vous de moi, vous aussi?

LA COMTESSE.

Elle est bien habile... et vous êtes bien jeune!

HECTOR.

Je penserai à Jeanne.

LA COMTESSE.

Ce rendez-vous est peut-être une imprudence.

HECTOR.

Ne craignez rien.... Mais j'entends marcher.... c'est elle!.... Rentrez vite, et guettez le signal. (*La comtesse sort. — Hector, un moment seul.*) C'est pour moi que l'on craint. — Venez donc, madame de Blossac!

SCÈNE V.

HECTOR, MADAME DE BLOSSAC.

MADAME DE BLOSSAC *ouvre la porte et la referme précipitamment derrière elle.*

Personne ne m'a vue.

HECTOR, *la rassurant.*

Le corridor est sombre.

MADAME DE BLOSSAC.

D'ailleurs, j'avais mon prétexte.

HECTOR.

Enfin, vous voilà.

MADAME DE BLOSSAC.

Je ne suis pas en retard.

HECTOR, *avec une tendresse jouée.*

Non ! mais j'attendais... Il fait froid aujourd'hui... Il y a là du feu, chauffez-vous. Quel temps affreux !

MADAME DE BLOSSAC, *agitée, essayant de rire,*

Oh ! moi, j'aime ce temps : un bon petit brouillard bien épais... On n'y voit rien... Je n'ai pas froid, j'ai marché vite.

HECTOR.

Si vous avez couru, vous devez avoir trop chaud ; il faut ôter votre mantelet, et ce chapeau... (*Il s'approche d'elle.*)

MADAME DE BLOSSAC *le repousse doucement, ôte elle-même*
son mantelet, dénoue son chapeau, qu'Hector va poser
sur un meuble.

J'ai à vous parler...

HECTOR.

Les beaux cheveux !

MADAME DE BLOSSAC, *allant vers la cheminée;*
elle se chauffe les pieds.

J'ai à vous parler... sérieusement.

HECTOR.

Oh ! le joli pied !

MADAME DE BLOSSAC, *ôtant ses gants.*

Pourquoi feindre avec moi ? à quoi bon toute cette fausseté de tendresse ?... Je ne m'abuse point sur les sentiments que je vous inspire, et si je suis venue ici, chez vous !.., ce n'est pas pour me donner aveuglément à votre amour, c'est pour me livrer volontairement à votre haine... N'essayez pas de me tromper... j'ai tout deviné.... ce rendez-vous est un piége... je le sais... et j'y suis venue parce que je le savais.

HECTOR, *à part.*

Aurait-elle deviné? (*Haut.*) Madame, pouvez-vous penser?...

MADAME DE BLOSSAC.

Tais-toi, tu vas mentir, et je ne veux pas que tu mentes, toi la seule sincérité de toute ma vie!... Ne crains donc rien, avoue franchement ta haine, malheureux !,.. je la mérite, et elle t'honore... j'ai voulu perdre une jeune fille que tu aimes...

7

HECTOR.

Jeanne !... Je vous défends de parler d'elle ! Il ne s'agit plus de mademoiselle de Clairmont, elle est justifiée ; il s'agit de savoir chez quelle femme était Charles Valleray la nuit du 29 août. Vous m'avez promis de me l'apprendre , et c'est pour cela que j'ai consenti à vous recevoir.

MADAME DE BLOSSAC.

A la bonne heure! vous voilà vrai enfin ! Cela me faisait mal de vous voir hypocrite... Cela ne vous va pas à vous, c'est bon pour moi, c'est bon pour une femme... mais un homme!... un homme n'a pas le droit d'être hypocrite, puisqu'il peut être brave et qu'il est libre.

HECTOR.

Vous avez raison, cela ne me sied pas d'être fourbe. Je veux me venger de vous... je vous hais !

MADAME DE BLOSSAC.

Un peu moins déjà !

HECTOR

Mais pourquoi voulez-vous servir vous-même ma vengeance ?... pourquoi venir la chercher !

MADAME DE BLOSSAC.

Pour la rendre moins cruelle... s'offrir à votre colère avec confiance, c'est la désarmer!... Si je vous avais reçu chez moi, vous auriez été implacable , mais chez vous!... attirée par vous dans un piége , c'est différent, je ne suis plus votre ennemie, je deviens votre victime; et, je vous connais, la femme que vous êtes les plus près d'aimer est celle envers qui vous avez eu un tort.

HECTOR , *à part, avec défiance.*

Elle est habile! (*Haut.*) Mais ce nom... Je l'attends?...

MADAME DE BLOSSAC, *toujours assise, loin d'Hector.*

Eh bien! écoutez-moi.

HECTOR, *sans changer de place, jette les yeux sur le rideau.*

Je vous écoute.

MADAME DE BLOSSAC, *très-finement, avec un regard étrange.*

Vous n'osez me regarder... Vous vous défiez de vous!

HECTOR *lève les yeux sur elle; rencontrant ce regard, il détourne brusquement la tête.*

Oui, mais pas comme vous l'entendez. (*Il va chercher une chaise et s'assied loin d'elle*)

MADAME DE BLOSSAC.

Vous craignez de me plaindre en voyant ce que je souffre ; mais je ne veux point de votre pitié : c'est votre intérêt que j'ambitionne, non pour mon passé qui est maudit, mais pour mon avenir qui peut être grand et noble, et qui dépend de vous.

HECTOR.

Eh ! madame, votre destinée et la mienne...

MADAME DE BLOSSAC.

Je vous ai dit que je vous aimais, Hector, mais je ne vous ai pas dit pourquoi je vous aimais : c'est que vous êtes précisément le contraire des êtres qui m'entourent, de tous ces hommes égoïstes, menteurs et lâches.

HECTOR, *à part*.

Voilà les flatteries... Nous aurons les larmes bientôt.

MADAME DE BLOSSAC.

Quelle joie ce fut pour moi que la découverte de ce caractère indépendant et brave ! Avec quel intérêt je vous suivais des yeux à travers la foule ! Chaque fois qu'on prononçait votre nom, j'écoutais émue, attendrie ; tout ce qu'on racontait de vous m'enivrait... Et quelle inquiétude lorsque j'appris votre duel à Chantilly ! Oui... pour tout le monde ce fut un mystère. Mais on ne pouvait pas me tromper, moi. Et la cause de ce duel était si noble, si belle, que toute ma tendresse se changea en admiration.

HECTOR.

Mais comment avez-vous su cela ?

MADAME DE BLOSSAC.

Quel secret peut échapper à la pensée constante d'un amour qui veille ? Oh ! pendant cette longue convalescence, à votre insu, j'étais près de vous... Je vous assistais dans vos heures d'ennui.

HECTOR.

Vous !

MADAME DE BLOSSAC.

Un détail insignifiant, que vous vous rappellerez peut-être... ce livre qu'on annonçait avec tant de bruit... ce dernier volume de Lamartine...

HECTOR.

Où est l'éloge de mon père ?...

MADAME DE BLOSSAC.

Vous le désiriez... personne encore ne pouvait l'avoir... Le soir même vous l'avez reçu.

HECTOR.

C'était vous?...

MADAME DE BLOSSAC.

C'était moi.

HECTOR, se levant et s'éloignant d'elle.

Mais quelle surveillance !

MADAME DE BLOSSAC, souriant.

C'est effrayant, n'est-ce pas? Eh bien ! cette surveillance-là, c'était ma joie, c'était la seule occupation de mon âme. Vous attendre, vous apercevoir, vous parler en rêve, vous évoquer comme une ombre chérie, c'était toute mon existence. J'étais heureuse ; mais tout à coup j'ai appris que vous alliez partir pour l'Orient, qu'il fallait renoncer à vous voir. Alors le courage m'abandonna ; je me laissai aller au courant qui m'entraînait. Mes mauvais instincts, comprimés par mon amour, reprirent une force nouvelle. Ces deux natures qui combattent en moi recommencèrent à me tourmenter de leur fatale influence... née d'un mariage étrange, fille d'un gentilhomme et d'une bohémienne, je participe de ces deux contrastes. Comme ma mère, j'ai l'esprit aventureux et le sang enflammé ; mais comme mon père aussi, j'ai l'orgueil de mon nom et la vanité de mon rang. Il ne faut pas être trop sévère pour moi !... Je n'ai pas de candeur, je n'ai pas de vertu ; mais j'ai de l'honneur, au moins une espèce d'honneur, puisque j'ai la pudeur de cacher ma vie. La vertu ! ce n'est pas ma réalité, mais c'est mon rêve !... Est-ce ma faute à moi si mon rêve est beau, quand ma nature est misérable ? Est-ce un crime enfin, quand on est condamnée à la fange, d'aspirer au ciel ? Ma lutte terrible et sincère n'est peut-être pas sans dignité... Je me confie à toi, je te dis tout... je l'aime... Quelque temps je parviens à mener cette vie régulière que j'affecte, sans une faute, même sans un souvenir ! Je me crois corrigée, je me crois réellement honnête, je reprends courage, je respire... Et puis, tout à coup... un souffle d'orage, une idée folle, un air chanté avec émotion, un mot, un sourire, que sais-je ! et me voilà reprise de cette fièvre infernale. Mon imagination de nouveau s'égare, mon sang bouillonne comme une source près d'un volcan.... Un vertige d'amour m'emporte dans l'abîme, et, malgré moi, malgré mes combats, malgré la prière, malgré tout, je retombe !... Seulement je retombe de plus haut !

HECTOR, *à part*.

Malheureuse! (*Haut.*) Calmez-vous, ces souvenirs et ces aveux sont trop pénibles.

MADAME DE BLOSSAC.

Non! c'est la première fois que je puis dire tout ce que j'ai sur le cœur, cela me fait du bien. Il me semble que je me débarrasse de ces hideux secrets en les livrant à la pensée d'un autre... Mais il faut bien que tu les connaisses, Hector, pour comprendre ce que tu peux être pour moi. Un mot de toi, et je suis changée!... Un mot de toi, et ce démon de haine et d'astuce qui habite en mon esprit est chassé pour jamais!... Mon amour est si beau qu'il me régénère!... Oh! ne me repousse pas!... Prends garde, les autres femmes ne sont que des femmes... on peut les quitter sans souci ; mais moi je suis un fléau, un fléau terrible que toi seul peux conjurer. . Si tu m'abandonnes, tu seras responsable de tout le mal que je vais faire et que tu peux empêcher... Oui! désormais ce n'est plus moi qui serai coupable, comprends-tu cela? mes méchancetés seront les tiennes, mes crimes seront les tiens! O mon bon génie, ne refuse pas de me protéger! Ne dédaigne pas ton empire! tu peux changer le mal en bien. De tous mes défauts, de tous mes mauvais penchants, tu peux faire des qualités sublimes. Je suis si heureuse, si fière d'aimer si noblement! Je ne te demande pas ton amour ; va, le mien me suffit!... Je ne te demande même pas de t'intéresser à moi, de me consoler, de m'assister... Je ne te demande rien que de me regarder vivre, et ma vie se purifiera d'elle-même sous ton regard!...

HECTOR, *pâle, éperdu, agité, à part*.

Est-ce un rêve?... malgré moi, cette émotion...

MADAME DE BLOSSAC.

Mais pourquoi détournes-tu tes yeux des miens? Pourquoi cette pâleur, cette agitation? Dis-moi, Hector, qu'as-tu donc, mais qu'as-tu donc?

HECTOR, *avec délire*.

J'ai peur!... ta voix perfide me trouble! tes yeux menteurs me fascinent. O rage! Je la hais, je la hais, et je sens malgré moi ma haine qui m'échappe. Ah! (*Il pousse un cri et prend dans la coupe le bouquet de bruyères.*) Non, voilà qui va me la rendre! Voilà l'égide qui saura me protéger contre toi! Tiens, le reconnais-tu, ce bouquet?

MADAME DE BLOSSAC.

Ah !

HECTOR.

Je devais te l'envoyer aujourd'hui... ce n'est pas ma faute si tu as voulu venir le chercher ici. (*Il jette le bouquet à ses pieds.*)

MADAME DE BLOSSAC, *avec un cri.*

Ah ! c'était lui !... (*Elle tombe anéantie.*)

HECTOR.

Oui, c'était moi !... moi !... Depuis quatre ans mon souvenir vengeur te poursuit. J'étais l'ami d'Arthur ! Puis-je être ton bon génie, dis ? — Oh ! je pressentais bien qu'avec toi le désespoir et le déshonneur entreraient partout dans les familles ; je voulais par ce remords t'épouvanter, et je t'envoyais ces fleurs menaçantes pour te dire : « Je te connais et je t'épie ; à ton premier crime « j'apparaîtrai. »

MADAME DE BLOSSAC, *à genoux.*

Eh bien ! dénonce-moi. Qu'attends-tu donc pour me confondre aux yeux de mes ennemis ? Appelle-les, qu'ils viennent ; que m'importe qu'on me proclame la maîtresse d'Hector de Renneville, quand lui me croit l'assassin d'Arthur !... Ah ! tout est fini pour moi !... lui !... ma seule espérance... lui ! mon repentir, ma conscience retrouvée !... Lui qui devait rendre à mon âme sa pureté, sa grandeur !... C'est lui qui me maudit, c'est lui qui me livre !... Lui que j'aimais tant pour son courage et pour sa loyauté ! — Va, tout le mal que j'ai pu faire... par ce tourment, je l'expie. Oh ! cet amour, je le sens !... on ne peut pas me l'ôter, me le reprendre, sans m'arracher le cœur. — Mais moi, jamais je n'ai infligé à personne un pareil supplice... jamais... c'est trop !... Je ne peux pas !... Ce que je souffre est horrible. Ma tête se brise... mes larmes brûlent mes yeux... je n'y vois plus... Mon Dieu ! j'étouffe... La mort, la mort... Ah ! mon Dieu ! envoyez-moi la mort ! (*Elle tombe sans force.*)

HECTOR, *l'aidant à se relever.*

Relevez-vous... revenez à vous !... Ces sanglots... cette douleur. Non, ce serait indigne !... Je pouvais leur livrer une femme orgueilleuse et triomphante, je ne peux pas leur livrer une femme humiliée et mourante de douleur... Mais partez donc !... vos ennemis sont là.

MADAME DE BLOSSAC.

Mes ennemis... qu'ils viennent!... Je ne me défendrai pas... tu me hais.

HECTOR, *avec douceur*.

Je crois à vos remords et j'ai pitié de vous.

MADAME DE BLOSSAC.

Ah! merci!...

HECTOR, *lui donnant son manteau*.

Partez vite!...

MADAME DE BLOSSAC.

C'est lui qui me sauve.

HECTOR.

Hâtez-vous... ils peuvent venir.

MADAME DE BLOSSAC.

Hector, je ne vous reverrai jamais.

HECTOR, *écoutant*.

Vous sortirez sans danger... Non, par cette porte, venez. (*Il ouvre la petite porte. — Madame de Blossac, qui a remis son manteau et son chapeau, fait un pas pour sortir.*)

SCÈNE VI.

LA COMTESSE, MADAME DE BLOSSAC, HECTOR.

LA COMTESSE, *à madame de Blossac*.

Vous ne sortirez pas!...

MADAME DE BLOSSAC, *avec rage*.

Madame de Clairmont!

LA COMTESSE.

Hector, vous nous trahissez. (*A madame de Blossac.*) On peut tromper par des larmes menteuses un jeune homme crédule, mais on ne trompe pas une mère!... Le signal de la perdre, oh! je me doutais bien qu'il ne le donnerait pas. Vous ne sortirez d'ici, mademoiselle, que quand ma fille sera justifiée aux yeux de tous! (*Elle va ouvrir la porte du fond.*) Venez donc, monsieur le maréchal, et soyez touché d'un empressement si aimable...

SCÈNE VII.

MADAME DE BLOSSAC, LE MARÉCHAL, LA COMTESSE, HECTOR.

LA COMTESSE, *au maréchal.*

Mademoiselle de Blossac a hâte d'être de la famille, voyez donc !... je viens de trouver votre future femme chez mon futur gendre.

LE MARÉCHAL.

Mademoiselle de Blossac chez M. de Renneville !... Par quel hasard ?

MADAME DE BLOSSAC.

Ce n'en est point un, monsieur le maréchal ; je venais mystérieusement, j'en conviens, chez M. de Renneville pour lui apporter la preuve de l'innocence de sa fiancée.

LA COMTESSE.

Que va-t-elle dire ?

MADAME DE BLOSSAC.

Cette preuve est un secret où la réputation d'une autre se trouve intéressée. Madame votre nièce a tout détruit, en faisant un éclat ; et maintenant je me vois forcée de garder le silence.

LE MARÉCHAL.

Parlez, mademoiselle de Blossac, et comptez sur ma discrétion.

MADAME DE BLOSSAC.

Je ne puis rien dire ; l'honneur me fait un devoir de me taire.

SCÈNE VIII.

MADAME DE BLOSSAC, LE MARÉCHAL, DES TOURBIÈRES, LA COMTESSE, HECTOR.

DES TOURBIÈRES, *tenant un livre à la main.*

Cela se trouve bien ! L'honneur me fait un devoir de parler.

TOUS.

Monsieur Des Tourbières !

LA COMTESSE, *à des Tourbières.*

La vérité, monsieur !

DES TOURBIÈRES.

La vérité... (*Montrant le livre.*) La voici !

HECTOR.

Qu'est-ce que cela ?

DES TOURBIÈRES.

Un album... l'album d'un aubergiste. C'est le livre des voyageurs de l'hôtel de France, à Blois.

LA COMTESSE.

Eh bien ?

DES TOURBIÈRES.

Ce livre nous apprend chez quelle personne, chez quelle voyageuse était Charles Valleray quand il a franchi le mur du jardin.

LE MARÉCHAL.

Et cette personne, c'était ?...

MADAME DE BLOSSAC.

C'était moi, monsieur le maréchal.

LE MARÉCHAL.

Vous ! c'est impossible.

MADAME DE BLOSSAC.

C'était moi, vous dis-je... il m'importe que vous le croyiez.

DES TOURBIÈRES, *à la comtesse.*

Toujours la même !... Elle avoue pour avoir l'air de nier.

LE MARÉCHAL.

Non, vous vous accusez pour sauver une autre.

MADAME DE BLOSSAC.

Je ne veux pas répondre ; les apparences sont contre moi. Je vous pardonne vos soupçons. Madame de Clairmont le sait, une femme peut être compromise sans être coupable ; hier sa fille était accusée... aujourd'hui la voilà justifiée. Patience ! le moment viendra où je serai justifiée à mon tour. M. Charles Valleray annonce sa prochaine arrivée ; d'ici là j'accepte l'accusation qui purifie votre nièce, monsieur le maréchal. Dites à ceux qui ont entendu raconter cette triste aventure que tout s'est dévoilé, qu'on a découvert mes intrigues... dites enfin ce qu'il faudra pour justifier cette enfant. Hâtez-vous de me perdre, c'est votre intérêt, c'est peut-être le mien !... Toute grande injustice amène tôt ou tard quelque grande réparation, et cette réparation, qui sera éclatante, je l'attends avec calme, avec foi. Adieu, monsieur le maréchal, je voulais vous donner ma vie, je vous donne mon honneur, c'est mieux !

LA COMTESSE, *ironiquement.*

L'honneur de lady Tartuffe !

MADAME DE BLOSSAC.

Moins d'orgueil, madame ! On va dire de moi : Elle a un amant... c'est ce que l'on dit de vous, qui n'en avez pas.   (*Elle sort.*)

SCÈNE IX.

LE MARÉCHAL, LA COMTESSE, HECTOR, DES TOURBIÈRES.

LA COMTESSE.

Elle tombe avec audace... mais elle est perdue !

DES TOURBIÈRES.

Hélas ! non. Regardez le maréchal, il s'attendrit sur son sort... Il ne dit pas : Le pauvre homme ?... mais...

LE MARÉCHAL, *à part.*

Ils l'accusent tous... la pauvre femme !

SCÈNE X.

LE MARÉCHAL, LA COMTESSE, JEANNE, HECTOR, DES TOURBIÈRES.

JEANNE.

Maman ! maman ! je te cherchais partout.

HECTOR.

Jeanne !

JEANNE.

Qu'est-ce que vous faites donc là ?

HECTOR.

Nous fixons le jour de notre mariage... Rien ne s'oppose plus à mon bonheur.

JEANNE.

Il y avait donc des obstacles? Oh! mais moi, je savais bien
que nous nous marierions... Aussi je n'ai pas eu une minute d'inquiétude.

LA COMTESSE.

Ah! ce mot-là, c'est ma récompense! (*Elle embrasse sa fille.*)

DES TOURBIÈRES, *bas à Hector.*

Soyez heureux! mais défiez-vous de lady Tartuffe. L'hypocrite
est le seul phénix qui renaisse de ses cendres.

FIN.

PARIS. — IMPRIMERIE J. CLAYE ET Cᵉ, RUE SAINT-BENOIT, 7.